PRÉFACE

La collection de guides de conversation "Tout ira bien!", publié par T&P Books, est conçue pour les gens qui voyagent par affaire ou par plaisir. Les guides de conversations contiennent le plus important - l'essentiel pour la communication de base. Il s'agit d'une série indispensable de phrases pour survivre à l'étranger.

Ce guide de conversation vous aidera dans la plupart des cas où vous devez demander quelque chose, trouver une direction, découvrir le prix d'un souvenir, etc. Il peut aussi résoudre des situations de communication difficile lorsque la gesticulation n'aide pas.

Le livre contient beaucoup de phrases qui ont été groupées par thèmes. Vous trouverez aussi un vocabulaire des 3000 mots les plus couramment utilisés. Une autre section du guide contient un glossaire gastronomique qui peut être utile lorsque vous faites le marché ou commandez des plats au restaurant.

Emmenez avec vous un guide de conversation "Tout ira bien!" sur la route et vous aurez un compagnon de voyage irremplaçable qui vous aidera à vous sortir de toutes les situations et vous enseignera à ne pas avoir peur de parler aux étrangers.

TABLE DES MATIÈRES

T&P Books Publishing

Collection de guides de conversation
"Tout ira bien!"

T&P Books Publishing

GUIDE DE CONVERSATION TCHÈQUE

Par Andrey Taranov

LES PHRASES LES PLUS UTILES

Ce guide de conversation contient les phrases et les questions les plus communes et nécessaires pour communiquer avec des étrangers

T&P BOOKS

Guide de conversation + dictionnaire de 3000 mots

Guide de conversation Français-Tchèque et vocabulaire thématique de 3000 mots

Par Andrey Taranov

La collection de guides de conversation "Tout ira bien!", publiée par T&P Books, est conçue pour les gens qui voyagent par affaire ou par plaisir. Les guides contiennent l'essentiel pour la communication de base. Il s'agit d'une série indispensable de phrases pour "survivre" à l'étranger.

Ce livre inclut un dictionnaire thématique qui contient près de 3000 des mots les plus fréquemment utilisés. Une autre section du guide contient un glossaire gastronomique qui peut être utile lorsque vous faites le marché ou commandez des plats au restaurant.

T&P Books Publishing
www.tpbooks.com

ISBN: 978-1-78492-559-8

Ce livre existe également en format électronique.
Pour plus d'informations, veuillez consulter notre site: www.tpbooks.com
ou rendez-vous sur ceux des grandes librairies en ligne.

PRONONCIATION

Alphabet phonétique T&P	Exemple en tchèque	Exemple en français
[a]	lavina [lavɪna]	classe
[a:]	banán [bana:n]	camarade
[e]	beseda [bɛsɛda]	équipe
[ɛ:]	chléb [xlɛ:p]	hacker
[ɪ]	Bible [bɪblɛ]	capital
[i:]	chudý [xudi:]	industrie
[o]	epocha [ɛpoxa]	normal
[o:]	diagnóza [dɪagno:za]	tableau
[u]	dokument [dokumɛnt]	boulevard
[u:]	chůva [xu:va]	tour
[b]	babička [babɪtʃka]	bureau
[ʦ]	celnice [ʦɛlnɪʦɛ]	gratte-ciel
[ʧ]	vlčák [vlʧa:k]	match
[x]	archeologie [arxɛologɪe]	scots - nicht, allemand - Dach
[d]	delfín [dɛlfi:n]	document
[dʲ]	Holanďan [holandʲan]	mondial
[f]	atmosféra [atmosfɛ:ra]	formule
[g]	galaxie [galaksɪe]	gris
[h]	knihovna [knɪhovna]	[h] aspiré
[j]	jídlo [ji:dlo]	maillot
[k]	zaplakat [zaplakat]	bocal
[l]	chlapec [xlapɛʦ]	vélo
[m]	modelář [modɛla:rʃ]	minéral
[n]	imunita [ɪmunɪta]	ananas
[nʲ]	báseň [ba:sɛnʲ]	canyon
[ŋk]	vstupenka [vstupɛŋka]	Helsinki
[p]	poločas [poloʧas]	panama
[r]	senátor [sɛna:tor]	racine, rouge
[ʒ], [rʃ]	bouřka [bourʃka]	chant, tirage
[s]	svoboda [svoboda]	syndicat
[ʃ]	šiška [ʃɪʃka]	chariot
[t]	turista [turɪsta]	tennis
[tʲ]	poušť [pouʃtʲ]	aventure

5

Alphabet phonétique T&P	Exemple en tchèque	Exemple en français
[v]	veverka [vɛvɛrka]	rivière
[z]	zapomínat [zapomi:nat]	gazeuse
[ʒ]	ložisko [loʒɪsko]	jeunesse

LISTE DES ABRÉVIATIONS

Abréviations en français

adj	-	adjective
adv	-	adverbe
anim.	-	animé
conj	-	conjonction
dénombr.	-	dénombrable
etc.	-	et cetera
f	-	nom féminin
f pl	-	féminin pluriel
fam.	-	familiar
fem.	-	féminin
form.	-	formal
inanim.	-	inanimé
indénombr.	-	indénombrable
m	-	nom masculin
m pl	-	masculin pluriel
m, f	-	masculin, féminin
masc.	-	masculin
math	-	mathematics
mil.	-	militaire
pl	-	pluriel
prep	-	préposition
pron	-	pronom
qch	-	quelque chose
qn	-	quelqu'un
sing.	-	singulier
v aux	-	verbe auxiliaire
v imp	-	verbe impersonnel
vi	-	verbe intransitif
vi, vt	-	verbe intransitif, transitif
vp	-	verbe pronominal
vt	-	verbe transitif

Abréviations en tchèque

ž	-	nom féminin
ž mn	-	féminin pluriel

m	-	nom masculin
m mn	-	masculin pluriel
m, ž	-	masculin, féminin
mn	-	pluriel
s	-	neutre
s mn	-	neutre pluriel

T&P BOOKS

GUIDE DE CONVERSATION TCHÈQUE

Cette section contient
des phrases importantes
qui peuvent être utiles dans
des situations courantes.
Le guide vous aidera
à demander des directions,
clarifier le prix, acheter
des billets et commander
des plats au restaurant

T&P Books Publishing

CONTENU DU GUIDE DE CONVERSATION

T&P Books Publishing

Les essentiels

Excusez-moi, …	**Promiňte, …** [promɪnʲtɛ, …]
Bonjour	**Dobrý den.** [dobrí: dɛn]
Merci	**Děkuji.** [dekujɪ]
Au revoir	**Na shledanou.** [na sxlɛdanou]
Oui	**Ano.** [ano]
Non	**Ne.** [nɛ]
Je ne sais pas.	**Nevím.** [nɛvi:m]
Où? (~ es-tu?) | Où? (~ vas-tu?) | Quand?	**Kde? | Kam? | Kdy?** [gdɛ? | kam? | gdɪ?]
J'ai besoin de …	**Potřebuju …** [potrʒɛbuju …]
Je veux …	**Chci …** [xtsɪ …]
Avez-vous … ?	**Máte …?** [ma:tɛ …?]
Est-ce qu'il y a … ici?	**Je tady …?** [jɛ tadɪ …?]
Puis-je … ?	**Můžu …?** [mu:ʒu …?]
s'il vous plaît (pour une demande)	**…, prosím** […, prosi:m]
Je cherche …	**Hledám …** [hlɛda:m …]
les toilettes	**toaletu** [toalɛtu]
un distributeur	**bankomat** [baŋkomat]
une pharmacie	**lékárnu** [lɛ:ka:rnu]
l'hôpital	**nemocnici** [nɛmotsnɪtsɪ]
le commissariat de police	**policejní stanici** [polɪtsɛjni: stanɪtsɪ]
une station de métro	**metro** [mɛtro]

un taxi	**taxík** [taksi:k]
la gare	**vlakové nádraží** [vlakovɛ: na:draʒi:]

Je m'appelle …	**Jmenuju se …** [jmɛnuju sɛ …]
Comment vous appelez-vous?	**Jak se jmenujete?** [jak sɛ jmɛnujɛtɛ?]
Aidez-moi, s'il vous plaît.	**Můžete mi prosím pomoct?** [mu:ʒetɛ mɪ prosi:m pomotst?]
J'ai un problème.	**Mám problém.** [ma:m problɛ:m]
Je ne me sens pas bien.	**Necítím se dobře.** [nɛtsi:ti:m sɛ dobrʒɛ]
Appelez une ambulance!	**Zavolejte sanitku!** [zavolɛjtɛ sanɪtku!]
Puis-je faire un appel?	**Můžu si zavolat?** [mu:ʒu sɪ zavolat?]

Excusez-moi.	**Omlouvám se.** [omlouva:m sɛ]
Je vous en prie.	**Není zač.** [nɛni: zatʃ]

je, moi	**Já** [ja:]
tu, toi	**ty** [tɪ]
il	**on** [on]
elle	**ona** [ona]
ils	**oni** [onɪ]
elles	**ony** [onɪ]
nous	**my** [mɪ]
vous	**vy** [vɪ]
Vous	**vy** [vɪ]

ENTRÉE	**VCHOD** [vxot]
SORTIE	**VÝCHOD** [vi:xot]
HORS SERVICE | EN PANNE	**MIMO PROVOZ** [mɪmo provos]
FERMÉ	**ZAVŘENO** [zavrʒɛno]

OUVERT	**OTEVŘENO** [otɛvrʒɛno]
POUR LES FEMMES	**ŽENY** [ʒenɪ]
POUR LES HOMMES	**MUŽI** [muʒɪ]

Questions

Où? (lieu)	**Kde?** [gdɛ?]
Où? (direction)	**Kam?** [kam?]
D'où?	**Odkud?** [otkut?]
Pourquoi?	**Proč?** [protʃ?]
Pour quelle raison?	**Z jakého důvodu?** [z jakɛ:ho du:vodu?]
Quand?	**Kde?** [gdɛ?]
Combien de temps?	**Jak dlouho?** [jak dlouho?]
À quelle heure?	**V kolik hodin?** [v kolɪk hodɪn?]
C'est combien?	**Kolik?** [kolɪk?]
Avez-vous ... ?	**Máte ...?** [ma:tɛ ...?]
Où est ..., s'il vous plaît?	**Kde je ...?** [gdɛ jɛ ...?]
Quelle heure est-il?	**Kolik je hodin?** [kolɪk jɛ hodɪn?]
Puis-je faire un appel?	**Můžu si zavolat?** [mu:ʒu sɪ zavolat?]
Qui est là?	**Kdo je tam?** [gdo jɛ tam?]
Puis-je fumer ici?	**Můžu tady kouřit?** [mu:ʒu tadɪ kourʒɪt?]
Puis-je ...?	**Můžu ...?** [mu:ʒu ...?]

Besoins

Je voudrais ...	**Rád /Ráda/ bych ...** [ra:d /ra:da/ bɪx ...]
Je ne veux pas ...	**Nechci ...** [nɛxtsɪ ...]
J'ai soif.	**Mám žízeň.** [ma:m ʒi:zɛɲ]
Je veux dormir.	**Chce se mi spát.** [xtsɛ sɛ mɪ spa:t]

Je veux ...	**Chci ...** [xtsɪ ...]
me laver	**se umýt** [sɛ umi:t]
brosser mes dents	**si vyčistit zuby** [sɪ vɪtʃɪstɪt zubɪ]
me reposer un instant	**si chvilku odpočinout** [sɪ xvɪlku otpotʃɪnout]
changer de vêtements	**se převléknout** [sɛ prʒɛvlɛ:knout]

retourner à l'hôtel	**se vrátit do hotelu** [sɛ vra:tɪt do hotɛlu]
acheter ...	**si koupit ...** [sɪ koupɪt ...]
aller à ...	**jít do ...** [ji:t do ...]
visiter ...	**navštívit ...** [navʃti:vɪt ...]
rencontrer ...	**se setkat s ...** [sɛ sɛtkat s ...]
faire un appel	**si zavolat** [sɪ zavolat]

Je suis fatigué /fatiguée/	**Jsem unavený /unavená/.** [jsɛm unavɛni: /unavɛna:/]
Nous sommes fatigués /fatiguées/	**Jsme unavení /unaveny/.** [jsmɛ unavɛni: /unavɛnɪ/]
J'ai froid.	**Je mi zima.** [jɛ mɪ zɪma]
J'ai chaud.	**Je mi horko.** [jɛ mɪ horko]
Je suis bien.	**Jsem v pořádku.** [jsɛm v porʒa:tku]

Il me faut faire un appel.

Potřebuju si zavolat.
[potrʒɛbuju sɪ zavolat]

J'ai besoin d'aller aux toilettes.

Potřebuju jít na toaletu.
[potrʒɛbuju jiːt na toalɛtu]

Il faut que j'aille.

Musím už jít.
[musiːm uʒ jiːt]

Je dois partir maintenant.

Teď už musím jít.
[tɛtʲ uʒ musiːm jiːt]

Comment demander la direction

Excusez-moi, ...	**Promiňte, ...** [promɪnʲtɛ, ...]
Où est ..., s'il vous plaît?	**Kde je ...?** [gdɛ jɛ ...?]
Dans quelle direction est ... ?	**Kudy ...?** [kudɪ ...?]
Pouvez-vous m'aider, s'il vous plaît ?	**Můžete mi prosím pomoct?** [muːʒetɛ mɪ prosiːm pomotst?]

Je cherche ...	**Hledám ...** [hlɛdaːm ...]
La sortie, s'il vous plaît?	**Hledám východ.** [hlɛdaːm viːxot]
Je vais à ...	**Jdu ...** [jdu ...]
C'est la bonne direction pour ...?	**Jdu správným směrem do ...?** [jdu spraːvniːm smnerɛm do ...?]

C'est loin?	**Je to daleko?** [jɛ to dalɛko?]
Est-ce que je peux y aller à pied?	**Dostanu se tam pěšky?** [dostanu sɛ tam peʃkɪ?]
Pouvez-vous me le montrer sur la carte?	**Můžete mi to ukázat na mapě?** [muːʒetɛ mɪ to ukaːzat na mape?]
Montrez-moi où sommes-nous, s'il vous plaît.	**Ukažte mi, kde právě teď jsme.** [ukaʃtɛ mɪ, gdɛ praːve tɛdʲ jsmɛ]

Ici	**Tady** [tadɪ]
Là-bas	**Tam** [tam]
Par ici	**Tudy** [tudɪ]

Tournez à droite.	**Odbočte doprava.** [odbotʃtɛ doprava]
Tournez à gauche.	**Odbočte doleva.** [odbotʃtɛ dolɛva]
Prenez la première (deuxième, troisième) rue.	**první (druhá, třetí) odbočka** [prvniː (druhaː, trʒɛtiː) odbotʃka]
à droite	**doprava** [doprava]

à gauche

doleva
[dolɛva]

Continuez tout droit.

Jděte stále rovně.
[jdetɛ sta:lɛ rovne]

Affiches, Pancartes

BIENVENUE!	**VÍTEJTE!** [viːtɛjtɛ!]
ENTRÉE	**VCHOD** [vxot]
SORTIE	**VÝCHOD** [viːxot]
POUSSEZ	**TLAČIT** [tlatʃɪt]
TIREZ	**TÁHNOUT** [taːhnout]
OUVERT	**OTEVŘENO** [otɛvrʒɛno]
FERMÉ	**ZAVŘENO** [zavrʒɛno]
POUR LES FEMMES	**ŽENY** [ʒɛnɪ]
POUR LES HOMMES	**MUŽI** [muʒɪ]
MESSIEURS	**PÁNI** [paːnɪ]
FEMMES	**DÁMY** [daːmɪ]
RABAIS | SOLDES	**VÝPRODEJ** [viːprodɛj]
PROMOTION	**VÝPRODEJ** [viːprodɛj]
GRATUIT	**ZDARMA** [zdarma]
NOUVEAU!	**NOVINKA!** [novɪŋka!]
ATTENTION!	**POZOR!** [pozor!]
COMPLET	**PLNĚ OBSAZENO** [plne opsazɛno]
RÉSERVÉ	**REZERVACE** [rɛzɛrvatsɛ]
ADMINISTRATION	**VEDENÍ** [vɛdɛniː]
PERSONNEL SEULEMENT	**VSTUP JEN PRO ZAMĚSTNANCE** [vstup jɛn pro zamnestnantsɛ]

ATTENTION AU CHIEN!	**POZOR PES!** [pozor pɛs!]
NE PAS FUMER!	**ZÁKAZ KOUŘENÍ** [zaːkaz kourʒɛniː]
NE PAS TOUCHER!	**NEDOTÝKEJTE SE** [nɛdotiːkɛjtɛ sɛ]
DANGEREUX	**ŽIVOTU NEBEZPEČNÉ** [ʒɪvotu nɛbɛzpɛtʃnɛː]
DANGER	**NEBEZPEČNÉ** [nɛbɛspɛtʃnɛː]
HAUTE TENSION	**VYSOKÉ NAPĚTÍ** [vɪsokɛː napeti:]
BAIGNADE INTERDITE!	**ZÁKAZ KOUPÁNÍ** [zaːkaz koupaːniː]

HORS SERVICE | EN PANNE	**MIMO PROVOZ** [mɪmo provos]
INFLAMMABLE	**HOŘLAVÉ** [horʒlavɛː]
INTERDIT	**ZAKÁZÁNO** [zakaːzaːno]
ENTRÉE INTERDITE!	**ZÁKAZ VSTUPU** [zaːkaz vstupu]
PEINTURE FRAÎCHE	**ČERSTVĚ NATŘENO** [tʃerstve natrʃeno]

FERMÉ POUR TRAVAUX	**UZAVŘENO Z DŮVODU REKONSTRUKCE** [uzavrʒeno z duːvodu rɛkonstruktsɛ]
TRAVAUX EN COURS	**PRÁCE NA SILNICI** [praːtsɛ na sɪlnɪtsɪ]
DÉVIATION	**OBJÍŽĎKA** [objiːʒtʲka]

Transport - Phrases générales

avion	**letadlo** [lɛtadlo]
train	**vlak** [vlak]
bus, autobus	**autobus** [autobus]
ferry	**trajekt** [trajɛkt]
taxi	**taxík** [taksi:k]
voiture	**auto** [auto]

horaire	**jízdní řád** [ji:zdni: rʒa:t]
Où puis-je voir l'horaire?	**Kde se můžu podívat na jízdní řád?** [gdɛ sɛ mu:ʒu podi:vat na ji:zdni: rʒa:t?]
jours ouvrables	**pracovní dny** [pratsovni: dnɪ]
jours non ouvrables	**víkendy** [vi:kɛndɪ]
jours fériés	**prázdniny** [pra:zdnɪnɪ]

DÉPART	**ODJEZD** [odjɛst]
ARRIVÉE	**PŘÍJEZD** [prʃi:jɛst]
RETARDÉE	**ZPOŽDĚNÍ** [zpoʒdeni:]
ANNULÉE	**ZRUŠENO** [zruʃɛno]

prochain	**příští** [prʃi:ʃti:]
premier	**první** [prvni:]
dernier	**poslední** [poslɛdni:]

À quelle heure est le prochain ...?	**Kdy jede příští ...?** [gdɪ jɛdɛ prʒi:ʃti: ...?]
À quelle heure est le premier ...?	**Kdy jede první ...?** [gdɪ jɛdɛ prvni: ...?]

À quelle heure est le dernier ...? **Kdy jede poslední ...?**
[gdɪ jɛdɛ poslɛdni: ...?]

correspondance **přestup**
[prʃɛstup]

prendre la correspondance **přestoupit**
[prʃɛstoupɪt]

Dois-je prendre la correspondance? **Musím přestupovat?**
[musi:m prʃɛstupovat?]

Acheter un billet

Où puis-je acheter des billets?	**Kde si mohu koupit jízdenky?**
	[gdɛ sɪ mohu koupɪt jiːzdɛŋkɪ?]
billet	**jízdenka**
	[jiːzdɛŋka]
acheter un billet	**koupit si jízdenku**
	[koupɪt sɪ jiːzdɛŋku]
le prix d'un billet	**cena jízdenky**
	[tsɛna jiːzdɛŋkɪ]

Pour aller où?	**Kam?**
	[kam?]
Quelle destination?	**Do jaké stanice?**
	[do jakɛː stanɪtsɛ?]
Je voudrais ...	**Potřebuju ...**
	[potrʒɛbuju ...]
un billet	**jednu jízdenku**
	[jɛdnu jiːzdɛŋku]
deux billets	**dvě jízdenky**
	[dve jiːzdɛŋkɪ]
trois billets	**tři jízdenky**
	[trʒɪ jiːzdɛŋkɪ]

aller simple	**jízdenka jedním směrem**
	[jiːzdɛŋka jɛdniːm smnerɛm]
aller-retour	**zpáteční jízdenka**
	[zpaːtɛtʃni: jiːzdɛŋka]
première classe	**první třída**
	[prvni: trʒiːda]
classe économique	**druhá třída**
	[druha: trʒiːda]

aujourd'hui	**dnes**
	[dnɛs]
demain	**zítra**
	[ziːtra]
après-demain	**pozítří**
	[poziːtrʃiː]
dans la matinée	**dopoledne**
	[dopolɛdnɛ]
l'après-midi	**odpoledne**
	[otpolɛdnɛ]
dans la soirée	**večer**
	[vɛtʃɛr]

siège côté couloir	**sedadlo u uličky** [sɛdadlo u ulɪtʃkɪ]
siège côté fenêtre	**sedadlo u okna** [sɛdadlo u okna]
C'est combien?	**Kolik?** [kolɪk?]
Puis-je payer avec la carte?	**Můžu platit kreditní kartou?** [muːʒu platɪt krɛdɪtniː kartou?]

L'autobus

bus, autobus	**autobus** [autobus]
autocar	**meziměstský autobus** [mɛzɪmnestski: autobus]
arrêt d'autobus	**autobusová zastávka** [autobusova: zasta:fka]
Où est l'arrêt d'autobus le plus proche?	**Kde je nejbližší autobusová zastávka?** [gdɛ jɛ nɛjblɪʒʃi: autobusova: zasta:fka?]

numéro	**číslo** [tʃi:slo]
Quel bus dois-je prendre pour aller à ...?	**Jakým autobusem se dostanu do ...?** [jaki:m autobusɛm sɛ dostanu do ...?]
Est-ce que ce bus va à ...?	**Jede tento autobus do ...?** [jɛdɛ tɛnto autobus do ...?]
L'autobus passe tous les combien?	**Jak často jezdí tento autobus?** [jak tʃasto jɛzdi: tɛnto autobus?]

chaque quart d'heure	**každých patnáct minut** [kaʒdi:x patna:tst mɪnut]
chaque demi-heure	**každou půlhodinu** [kaʒdou pu:lhodɪnu]
chaque heure	**každou hodinu** [kaʒdou hodɪnu]
plusieurs fois par jour	**několikrát za den** [nekolɪkra:t za dɛn]
... fois par jour	**... krát za den** [... kra:t za dɛn]

horaire	**jízdní řád** [ji:zdni: rʒa:t]
Où puis-je voir l'horaire?	**Kde se můžu podívat na jízdní řád?** [gdɛ sɛ mu:ʒu podi:vat na ji:zdni: rʒa:t?]
À quelle heure passe le prochain bus?	**Kdy jede příští autobus?** [gdɪ jɛdɛ prʒi:ʃti autobus?]
À quelle heure passe le premier bus?	**Kdy jede první autobus?** [gdɪ jɛdɛ prvni: autobus?]
À quelle heure passe le dernier bus?	**Kdy jede poslední autobus?** [gdɪ jɛdɛ poslɛdni: autobus?]

arrêt	**zastávka** [zasta:fka]
prochain arrêt	**příští zastávka** [prʃi:ʃti zasta:fka]

terminus

poslední zastávka
[poslɛdni: zasta:fka]

Pouvez-vous arrêter ici, s'il vous plaît.

Zastavte tady, prosím.
[zastaftɛ tadɪ, prosi:m]

Excusez-moi, c'est mon arrêt.

Promiňte, já tady vystupuju.
[promɪɲʲtɛ, ja: tadɪ vɪstupuju]

Train

train	**vlak** [vlak]
train de banlieue	**příměstský vlak** [prʒi:mnestskɪ vlak]
train de grande ligne	**dálkový vlak** [da:lkovi: vlak]
la gare	**vlakové nádraží** [vlakovɛ: na:draʒi:]
Excusez-moi, où est la sortie vers les quais?	**Promiňte, kde je vstup na nástupiště?** [promɪnɪtɛ, gdɛ jɛ vstup na na:stupɪʃte?]
Est-ce que ce train va à …?	**Jede tento vlak do …?** [jɛdɛ tɛnto vlak do …?]
le prochain train	**příští vlak** [prʃi:ʃti: vlak]
À quelle heure est le prochain train?	**Kdy jede příští vlak?** [gdɪ jɛdɛ prʒi:ʃti: vlak?]
Où puis-je voir l'horaire?	**Kde se můžu podívat na jízdní řád?** [gdɛ sɛ mu:ʒu podi:vat na ji:zdni: rʒa:t?]
De quel quai?	**Ze kterého nástupiště?** [zɛ ktɛrɛ:ho na:stupɪʃte?]
À quelle heure arrive le train à …?	**Kdy přijede tento vlak do …?** [gdɪ prʃɪjɛdɛ tɛnto vlak do …?]
Pouvez-vous m'aider, s'il vous plaît?	**Můžete mi prosím pomoct?** [mu:ʒetɛ mɪ prosi:m pomotst?]
Je cherche ma place.	**Hledám své místo.** [hlɛda:m svɛ: mi:sto]
Nous cherchons nos places.	**Hledáme svá místa.** [hlɛda:mɛ sva: mi:sta]
Ma place est occupée.	**Moje místo je obsazeno.** [mojɛ mi:sto jɛ opsazɛno]
Nos places sont occupées.	**Naše místa jsou obsazena.** [naʃɛ mi:sta jsou opsazɛna]
Excusez-moi, mais c'est ma place.	**Promiňte, ale toto je moje místo.** [promɪnɪtɛ, alɛ toto jɛ mojɛ mi:sto]
Est-ce que cette place est libre?	**Je toto místo volné?** [jɛ toto mi:sto volnɛ:?]
Puis-je m'asseoir ici?	**Můžu si zde sednout?** [mu:ʒu sɪ zdɛ sɛdnout?]

Sur le train - Dialogue (Pas de billet)

Votre billet, s'il vous plaît.	**Jízdenku, prosím.** [ji:zdɛŋku, prosi:m]
Je n'ai pas de billet.	**Nemám jízdenku.** [nɛma:m ji:zdɛŋku]
J'ai perdu mon billet.	**Ztratil jsem jízdenku.** [stratɪl jsɛm ji:zdɛŋku]
J'ai oublié mon billet à la maison.	**Zapomněl svou jízdenku doma.** [zapomel svou ji:zdɛŋku doma]

Vous pouvez m'acheter un billet.	**Jízdenku si můžete koupit u mě.** [ji:zdɛŋku sɪ mu:ʒetɛ koupɪt u mne]
Vous devrez aussi payer une amende.	**Také budete muset zaplatit pokutu.** [takɛ: budɛtɛ musɛt zaplatɪt pokutu]
D'accord.	**Dobrá.** [dobra:]
Où allez-vous?	**Kam jedete?** [kam jɛdɛtɛ?]
Je vais à …	**Jedu do …** [jɛdu do …]

Combien? Je ne comprend pas.	**Kolik? Nerozumím.** [kolɪk? nɛrozumi:m]
Pouvez-vous l'écrire, s'il vous plaît.	**Napište to, prosím.** [napɪʃtɛ to, prosi:m]
D'accord. Puis-je payer avec la carte?	**Dobrá. Můžu platit kreditní kartou?** [dobra:. mu:ʒu platɪt krɛdɪtni: kartou?]
Oui, bien sûr.	**Ano, můžete.** [ano, mu:ʒetɛ]

Voici votre reçu.	**Tady je vaše stvrzenka.** [tadɪ jɛ vaʃɛ stvrzɛŋka]
Désolé pour l'amende.	**Omlouvám se za tu pokutu.** [omlouva:m sɛ za tu pokutu]
Ça va. C'est de ma faute.	**To je v pořádku. Je to moje chyba.** [to jɛ v porʒa:tku. jɛ to mojɛ xɪba]
Bon voyage.	**Příjemnou cestu.** [prʒi:jɛmnou tsɛstu]

Taxi

taxi	**taxík** [taksi:k]
chauffeur de taxi	**taxikář** [taksɪka:rʒ]
prendre un taxi	**chytit si taxík** [xɪtɪt sɪ taksi:k]
arrêt de taxi	**stanoviště taxíků** [stanovɪʃte taksi:ku:]
Où puis-je trouver un taxi?	**Kde můžu sehnat taxík?** [gdɛ mu:ʒu sɛhnat taksi:k?]

appeler un taxi	**volat taxík** [volat taksi:k]
Il me faut un taxi.	**Potřebuju taxík.** [potrʒɛbuju taksi:k]
maintenant	**Hned teď.** [hnɛt tɛtʲ]
Quelle est votre adresse?	**Jaká je vaše adresa?** [jaka: jɛ vaʃɛ adrɛsa?]
Mon adresse est ...	**Moje adresa je ...** [mojɛ adrɛsa jɛ ...]
Votre destination?	**Váš cíl?** [va:ʃ tsi:l?]
Excusez-moi, ...	**Promiňte, ...** [promɪnʲtɛ, ...]
Vous êtes libre ?	**Jste volný?** [jstɛ volni:?]
Combien ça coûte pour aller à ...?	**Kolik to stojí do ...?** [kolɪk to stoji: do ...?]
Vous savez où ça se trouve?	**Víte, kde to je?** [vi:tɛ, gdɛ to jɛ?]

À l'aéroport, s'il vous plaît.	**Na letiště, prosím.** [na lɛtɪʃte, prosi:m]
Arrêtez ici, s'il vous plaît.	**Zastavte tady, prosím.** [zastaftɛ tadɪ, prosi:m]
Ce n'est pas ici.	**To není tady.** [to nɛni: tadɪ]
C'est la mauvaise adresse.	**To je nesprávná adresa.** [to jɛ nɛspra:vna: adrɛsa]
tournez à gauche	**Zabočte doleva.** [zabotʃtɛ dolɛva]
tournez à droite	**Zabočte doprava.** [zabotʃtɛ doprava]

Combien je vous dois?

Kolik vám dlužím?
[kolɪk va:m dluʒi:m?]

J'aimerais avoir un reçu, s'il vous plaît.

Chtěl /Chtěla/ bych stvrzenku, prosím.
[xtel /xtela/ bɪx stvrzɛŋku, prosi:m]

Gardez la monnaie.

Drobné si nechte.
[drobnɛ: sɪ nɛxtɛ]

Attendez-moi, s'il vous plaît ...

Můžete tady na mě počkat?
[mu:ʒetɛ tadɪ na mne potʃkat?]

cinq minutes

pět minut
[pet mɪnut]

dix minutes

deset minut
[dɛsɛt mɪnut]

quinze minutes

patnáct minut
[patna:tst mɪnut]

vingt minutes

dvacet minut
[dvatsɛt mɪnut]

une demi-heure

půl hodiny
[pu:l hodɪnɪ]

Hôtel

Bonjour.	**Dobrý den.** [dobrí: dɛn]
Je m'appelle ...	**Jmenuju se ...** [jmɛnuju sɛ ...]
J'ai réservé une chambre.	**Mám tady rezervaci.** [ma:m tadɪ rɛzɛrvatsɪ]

Je voudrais ...	**Potřebuju ...** [potrʒɛbuju ...]
une chambre simple	**jednolůžkový pokoj** [jɛdnolu:ʃkovi: pokoj]
une chambre double	**dvoulůžkový pokoj** [dvoulu:ʃkovi: pokoj]
C'est combien?	**Kolik to stojí?** [kolɪk to stojí:?]
C'est un peu cher.	**To je trochu drahé.** [to jɛ troxu drahɛ:]

Avez-vous autre chose?	**Máte nějaké další možnosti?** [ma:tɛ nejakɛ: dalʃi: moʒnostɪ?]
Je vais la prendre.	**To si vezmu.** [to sɪ vɛzmu]
Je vais payer comptant.	**Budu platit v hotovosti.** [budu platɪt v hotovostɪ]

J'ai un problème.	**Mám problém.** [ma:m problɛ:m]
Mon ... est cassé.	**... je rozbitý /rozbitá/.** [... jɛ rozbɪtí: /rozbɪta:/]
Mon ... ne fonctionne pas.	**... je mimo provoz.** [... jɛ mɪmo provoz]
télé	**Můj televizor ...** [mu:j tɛlɛvɪzor ...]
air conditionné	**Moje klimatizace ...** [mojɛ klɪmatɪzatsɛ ...]
robinet	**Můj kohoutek ...** [mu:j kohoutɛk ...]

douche	**Moje sprcha ...** [mojɛ sprxa ...]
évier	**Můj dřez ...** [mu:j drʒɛz ...]
coffre-fort	**Můj sejf ...** [mu:j sɛjf ...]

serrure de porte	Můj zámek ...
	[muːj zaːmɛk ...]
prise électrique	Moje elektrická zásuvka ...
	[mojɛ ɛlɛktrɪtska: za:sufka ...]
sèche-cheveux	Můj fén ...
	[muːj fɛːn ...]

Je n'ai pas ...	Nemám ...
	[nɛmaːm ...]
d'eau	vodu
	[vodu]
de lumière	světlo
	[svetlo]
d'électricité	elektřinu
	[ɛlɛktrʒɪnu]

Pouvez-vous me donner ...?	Můžete mi dát ...?
	[muːʒetɛ mɪ daːt ...?]
une serviette	ručník
	[rutʃniːk]
une couverture	přikrývku
	[prʒɪkriːfku]
des pantoufles	bačkory
	[batʃkorɪ]
une robe de chambre	župan
	[ʒupan]
du shampoing	šampón
	[ʃampón]
du savon	mýdlo
	[miːdlo]

Je voudrais changer ma chambre.	Chtěl bych vyměnit pokoje.
	[xtel bɪx vɪmnenɪt pokojɛ]
Je ne trouve pas ma clé.	Nemůžu najít klíč.
	[nɛmuːʒu najiːt kliːtʃ]
Pourriez-vous ouvrir ma chambre, s'il vous plaît?	Můžete mi otevřít pokoj, prosím?
	[muːʒetɛ mɪ otɛvrʒiːt pokoj, prosiːm?]
Qui est là?	Kdo je tam?
	[gdo jɛ tam?]
Entrez!	Vstupte!
	[vstuptɛ!]
Une minute!	Minutku!
	[mɪnutku!]
Pas maintenant, s'il vous plaît.	Teď ne, prosím.
	[tɛtʲ nɛ, prosiːm]

Pouvez-vous venir à ma chambre, s'il vous plaît.	Pojďte do mého pokoje, prosím.
	[pojdʲtɛ do mɛːho pokojɛ, prosiːm]
J'aimerais avoir le service d'étage.	Chtěl bych si objednat jídlo.
	[xtel bɪx sɪ objɛdnat jiːdlo]
Mon numéro de chambre est le ...	Číslo mého pokoje je ...
	[tʃiːslo mɛːho pokojɛ jɛ ...]

Je pars …	**Odjíždím …** [odji:ʒdi:m …]
Nous partons …	**Odjíždíme …** [odji:ʒdi:mɛ …]
maintenant	**hned teď** [hnɛt tɛtʲ]
cet après-midi	**dnes odpoledne** [dnɛs otpolɛdnɛ]
ce soir	**dnes večer** [dnɛs vɛtʃɛr]
demain	**zítra** [zi:tra]
demain matin	**zítra dopoledne** [zi:tra dopolɛdnɛ]
demain après-midi	**zítra večer** [zi:tra vɛtʃɛr]
après-demain	**pozítří** [pozi:trʃi:]

Je voudrais régler mon compte.	**Chtěl bych zaplatit.** [xtel bɪx zaplatɪt]
Tout était merveilleux.	**Všechno bylo skvělé.** [vʃɛxno bɪlo skvelɛ:]
Où puis-je trouver un taxi?	**Kde můžu sehnat taxík?** [gdɛ mu:ʒu sɛhnat taksi:k?]
Pourriez-vous m'appeler un taxi, s'il vous plaît?	**Můžete mi zavolat taxík, prosím?** [mu:ʒetɛ mɪ zavolat taksi:k, prosi:m?]

Restaurant

Puis-je voir le menu, s'il vous plaît?	**Můžu se podívat na jídelní lístek, prosím?** [mu:ʒu sɛ podi:vat na ji:dɛlni: li:stɛk, prosi:m?]
Une table pour une personne.	**Stůl pro jednoho.** [stu:l pro jɛdnoho]
Nous sommes deux (trois, quatre).	**Jsme dva (tři, čtyři).** [jsmɛ dva (trʒɪ, ʧtɪrʒɪ)]

Fumeurs	**Kuřáci** [kurʒa:tsɪ]
Non-fumeurs	**Nekuřáci** [nɛkurʒa:tsɪ]
S'il vous plaît!	**Promiňte!** [promɪnˈtɛ!]
menu	**jídelní lístek** [ji:dɛlni: li:stɛk]
carte des vins	**vinný lístek** [vɪnnɪ li:stɛk]
Le menu, s'il vous plaît.	**Jídelní lístek, prosím.** [ji:dɛlni: li:stɛk, prosi:m]
Êtes-vous prêts à commander?	**Vybrali jste si?** [vɪbralɪ jstɛ sɪ?]
Qu'allez-vous prendre?	**Co si dáte?** [tso sɪ da:tɛ?]
Je vais prendre …	**Dám si …** [da:m sɪ …]

Je suis végétarien.	**Jsem vegetarián.** [jsɛm vɛgɛtarɪa:n]
viande	**maso** [maso]
poisson	**ryba** [rɪba]
légumes	**zelenina** [zɛlɛnɪna]
Avez-vous des plats végétariens?	**Máte vegetariánská jídla?** [ma:tɛ vɛgɛtarɪa:nska: ji:dla?]
Je ne mange pas de porc.	**Nejím vepřové.** [nɛji:m vɛprʃovɛ:]
Il /elle/ ne mange pas de viande.	**On /ona/ nejí maso.** [on /ona/ nɛji: maso]
Je suis allergique à …	**Jsem alergický /alergická/ na …** [jsɛm alɛrgɪtski: /alɛrgɪtska:/ na …]

Pourriez-vous m'apporter …, s'il vous plaît.	**Přinesl byste mi prosím …** [prʒɪnɛsl bɪstɛ mɪ prosi:m …]
le sel | le poivre | du sucre	**sůl | pepř | cukr** [su:l | pɛprʒ | tsukr]
un café | un thé | un dessert	**kávu | čaj | zákusek** [ka:vu | tʃaj | za:kusɛk]
de l'eau | gazeuse | plate	**vodu | perlivou | neperlivou** [vodu | pɛrlɪvou | nɛpɛrlɪvou]
une cuillère | une fourchette | un couteau	**lžíci | vidličku | nůž** [lʒi:tsɪ | vɪdlɪtʃku | nu:ʒ]
une assiette | une serviette	**talíř | ubrousek** [tali:rʒ | ubrousɛk]

Bon appétit!	**Dobrou chuť!** [dobrou xuťl]
Un de plus, s'il vous plaît.	**Ještě jednou, prosím.** [jɛʃte jɛdnou, prosi:m]
C'était délicieux.	**Bylo to výborné.** [bɪlo to vi:bornɛ:]

---

l'addition | de la monnaie | le pourboire	**účet | drobné | spropitné** [u:tʃet | drobnɛ: | spropɪtnɛ:]
L'addition, s'il vous plaît.	**Účet, prosím.** [u:tʃet, prosi:m]
Puis-je payer avec la carte?	**Můžu platit kreditní kartou?** [mu:ʒu platɪt krɛdɪtni: kartou?]
Excusez-moi, je crois qu'il y a une erreur ici.	**Omlouvám se, ale tady je chyba.** [omlouva:m sɛ, alɛ tadɪ jɛ xɪba]

Shopping. Faire les Magasins

Est-ce que je peux vous aider?	**Co si přejete?** [tso sɪ prʒɛjɛtɛ?]
Avez-vous … ?	**Máte …?** [ma:tɛ …?]
Je cherche …	**Hledám …** [hlɛda:m …]
Il me faut …	**Potřebuju …** [potrʒɛbuju …]

Je regarde seulement, merci.	**Jen se dívám.** [jɛn sɛ di:va:m]
Nous regardons seulement, merci.	**Jen se dívame.** [jɛn sɛ di:va:mɛ]
Je reviendrai plus tard.	**Vrátím se později.** [vra:ti:m sɛ pozdejɪ]
On reviendra plus tard.	**Vrátíme se později.** [vra:ti:mɛ sɛ pozdejɪ]
Rabais | Soldes	**slevy | výprodej** [slɛvɪ | vi:prodɛj]

Montrez-moi, s'il vous plaît …	**Můžete mi prosím ukázat …** [mu:ʒɛtɛ mɪ prosi:m uka:zat …]
Donnez-moi, s'il vous plaît …	**Můžete mi prosím dát …** [mu:ʒɛtɛ mɪ prosi:m da:t …]
Est-ce que je peux l'essayer?	**Můžu si to vyzkoušet?** [mu:ʒu sɪ to vɪskouʃɛt?]
Excusez-moi, où est la cabine d'essayage?	**Promiňte, kde je zkušební kabinka?** [promɪnʲtɛ, gdɛ jɛ skuʃɛbni: kabɪŋka?]
Quelle couleur aimeriez-vous?	**Jakou byste chtěl /chtěla/ barvu?** [jakou bɪstɛ xtel /xtela/ barvu?]
taille | longueur	**velikost | délku** [vɛlɪkost | dɛ:lku]
Est-ce que la taille convient ?	**Jak vám to sedí?** [jak va:m to sɛdi:?]

Combien ça coûte?	**Kolik to stojí?** [kolɪk to stoji:?]
C'est trop cher.	**To je příliš drahé.** [to jɛ prʃi:lɪʃ drahɛ:]
Je vais le prendre.	**Vezmu si to.** [vɛzmu sɪ to]
Excusez-moi, où est la caisse?	**Promiňte, kde můžu zaplatit?** [promɪnʲtɛ, gdɛ mu:ʒu zaplatɪt?]

Payerez-vous comptant ou par carte de crédit?	**Budete platit v hotovosti nebo kreditní kartou?** [budɛtɛ platɪt v hotovostɪ nɛbo krɛdɪtni: kartou?]
Comptant | par carte de crédit	**v hotovosti | kreditní kartou** [v hotovostɪ | krɛdɪtni: kartou]

Voulez-vous un reçu?	**Chcete stvrzenku?** [xtsɛtɛ stvrzɛŋku?]
Oui, s'il vous plaît.	**Ano, prosím.** [ano, prosi:m]
Non, ce n'est pas nécessaire.	**Ne, to je dobré.** [nɛ, to jɛ dobrɛ:]
Merci. Bonne journée!	**Děkuji. Hezký den.** [dekujɪ. hɛski: dɛn]

En ville

Excusez-moi, ...	**Promiňte, prosím.** [promɪɲ'tɛ, prosi:m]
Je cherche ...	**Hledám ...** [hlɛda:m ...]
le métro	**metro** [mɛtro]
mon hôtel	**svůj hotel** [svu:j hotɛl]
le cinéma	**kino** [kɪno]
un arrêt de taxi	**stanoviště taxíků** [stanovɪʃte taksi:ku:]

un distributeur	**bankomat** [baŋkomat]
un bureau de change	**směnárnu** [smnena:rnu]
un café internet	**internetovou kavárnu** [ɪntɛrnɛtovou kava:rnu]
la rue ...	**... ulici** [... ulɪtsɪ]
cette place-ci	**toto místo** [toto mi:sto]

Savez-vous où se trouve ...?	**Nevíte, kde je ...?** [nɛvi:tɛ, gdɛ jɛ ...?]
Quelle est cette rue?	**Jaká je toto ulice?** [jaka: jɛ toto ulɪtsɛ?]
Montrez-moi où sommes-nous, s'il vous plaît.	**Ukažte mi, kde teď jsme.** [ukaʃtɛ mɪ, gdɛ tɛdʲ jsmɛ]
Est-ce que je peux y aller à pied?	**Dostanu se tam pěšky?** [dostanu sɛ tam pɛʃkɪ?]
Avez-vous une carte de la ville?	**Máte mapu tohoto města?** [ma:tɛ mapu tohoto mnesta?]

C'est combien pour un ticket?	**Kolik stojí vstupenka?** [kolɪk stoji: vstupɛŋka?]
Est-ce que je peux faire des photos?	**Můžu tady fotit?** [mu:ʒu tadɪ fotɪt?]
Êtes-vous ouvert?	**Máte otevřeno?** [ma:tɛ otɛvrʒɛno?]

À quelle heure ouvrez-vous?

Kdy otvíráte?
[gdɪ otvi:ra:tɛ?]

À quelle heure fermez-vous?

Kdy zavíráte?
[gdɪ zavi:ra:tɛ?]

L'argent

argent	**peníze** [pɛniːzɛ]
argent liquide	**hotovost** [hotovost]
des billets	**papírové peníze** [papiːrovɛ pɛniːzɛ]
petite monnaie	**drobné** [drobnɛː]
l'addition | de la monnaie | le pourboire	**účet | drobné | spropitné** [uːtʃɛt | drobnɛː | spropɪtnɛː]
carte de crédit	**kreditní karta** [krɛdɪtniː karta]
portefeuille	**peněženka** [pɛneʒeŋka]
acheter	**koupit** [koupɪt]
payer	**platit** [platɪt]
amende	**pokuta** [pokuta]
gratuit	**zdarma** [zdarma]
Où puis-je acheter … ?	**Kde dostanu koupit …?** [gdɛ dostanu koupɪt …?]
Est-ce que la banque est ouverte en ce moment?	**Je teď otevřená banka?** [jɛ tɛdʲ otɛvrʒena: baŋka?]
À quelle heure ouvre-t-elle?	**Kdy otvírají?** [gdɪ otviːrajiː?]
À quelle heure ferme-t-elle?	**Kdy zavírají?** [gdɪ zaviːrajiː?]
C'est combien?	**Kolik?** [kolɪk?]
Combien ça coûte?	**Kolik to stojí?** [kolɪk to stojiː?]
C'est trop cher.	**To je příliš drahé.** [to jɛ prʃiːlɪʃ drahɛː]
Excusez-moi, où est la caisse?	**Promiňte, kde můžu zaplatit?** [promɪnʲtɛ, gdɛ muːʒu zaplatɪt?]
L'addition, s'il vous plaît.	**Účet, prosím.** [uːtʃɛt, prosiːm]

Puis-je payer avec la carte?	**Můžu platit kreditní kartou?** [muːʒu platɪt krɛdɪtni: kartou?]
Est-ce qu'il y a un distributeur ici?	**Je tady bankomat?** [jɛ tadɪ baŋkomat?]
Je cherche un distributeur.	**Hledám bankomat.** [hlɛdaːm baŋkomat]

Je cherche un bureau de change.	**Hledám směnárnu.** [hlɛdaːm smnenaːrnu]
Je voudrais changer …	**Chtěl bych si vyměnit …** [xtel bɪx sɪ vɪmnenɪt …]
Quel est le taux de change?	**Jaký je kurz?** [jakiː jɛ kurs?]
Avez-vous besoin de mon passeport?	**Potřebujete můj pas?** [potrʒɛbujɛtɛ muːj pas?]

Le temps

Quelle heure est-il?	**Kolik je hodin?** [kolɪk jɛ hodɪn?]
Quand?	**Kdy?** [gdɪ?]
À quelle heure?	**V kolik hodin?** [v kolɪk hodɪn?]
maintenant | plus tard | après …	**teď | později | po …** [tɛdʲ | pozdejɪ | po …]
une heure	**jedna hodina** [jɛdna hodɪna]
une heure et quart	**čtvrt na dvě** [tʃtvrt na dve]
une heure et demie	**půl druhé** [pu:l druhɛ:]
deux heures moins quart	**tři čtvrtě na dvě** [trʒɪ tʃtvrte na dve]
un | deux | trois	**jedna | dvě | tři** [jɛdna | dve | trʒɪ]
quatre | cinq | six	**čtyři | pět | šest** [tʃtɪrʒɪ | pet | ʃɛst]
sept | huit | neuf	**sedm | osm | devět** [sɛdm | osm | dɛvet]
dix | onze | douze	**deset | jedenáct | dvanáct** [dɛsɛt | jɛdɛna:tst | dvana:tst]
dans …	**za …** [za …]
cinq minutes	**pět minut** [pet mɪnut]
dix minutes	**deset minut** [dɛsɛt mɪnut]
quinze minutes	**patnáct minut** [patna:tst mɪnut]
vingt minutes	**dvacet minut** [dvatsɛt mɪnut]
une demi-heure	**půl hodiny** [pu:l hodɪnɪ]
une heure	**hodinu** [hodɪnu]

dans la matinée	**dopoledne** [dopolɛdnɛ]
tôt le matin	**brzy ráno** [brzɪ raːno]
ce matin	**dnes dopoledne** [dnɛs dopolɛdnɛ]
demain matin	**zítra dopoledne** [ziːtra dopolɛdnɛ]
à midi	**v poledne** [v polɛdnɛ]
dans l'après-midi	**odpoledne** [otpolɛdnɛ]
dans la soirée	**večer** [vɛtʃɛr]
ce soir	**dnes večer** [dnɛs vɛtʃɛr]
la nuit	**v noci** [v notsɪ]
hier	**včera** [vtʃɛra]
aujourd'hui	**dnes** [dnɛs]
demain	**zítra** [ziːtra]
après-demain	**pozítří** [poziːtrʃiː]
Quel jour sommes-nous aujourd'hui?	**Kolikátého je dnes?** [kolɪkaːtɛːho jɛ dnɛs?]
Nous sommes ...	**Dnes je ...** [dnɛs jɛ ...]
lundi	**pondělí** [pondeliː]
mardi	**úterý** [uːtɛriː]
mercredi	**středa** [strʒɛda]
jeudi	**čtvrtek** [tʃtvrtɛk]
vendredi	**pátek** [paːtɛk]
samedi	**sobota** [sobota]
dimanche	**neděle** [nɛdelɛ]

Salutations - Introductions

Bonjour.
Dobrý den.
[dobrɪ: dɛn]

Enchanté /Enchantée/
Těší mě, že vás poznávám.
[teʃi: mne, ʒe va:s pozna:va:m]

Moi aussi.
Mě také.
[mne takɛ:]

Je voudrais vous présenter ...
**Rád /Ráda/ bych
vás seznámil /seznámila/ ...**
[ra:d /ra:da/ bɪx
va:s sɛzna:mɪl /sɛzna:mɪla/ ...]

Ravi de vous rencontrer.
Těší mě.
[teʃi: mne]

Comment allez-vous?
Jak se máte?
[jak sɛ ma:tɛ?]

Je m'appelle ...
Jmenuju se ...
[jmɛnuju sɛ ...]

Il s'appelle ...
On se jmenuje ...
[on sɛ jmɛnuje ...]

Elle s'appelle ...
Ona se jmenuje ...
[ona sɛ jmɛnuje ...]

Comment vous appelez-vous?
Jak se jmenujete?
[jak sɛ jmɛnujɛtɛ?]

Quel est son nom? (m)
Jak se jmenuje?
[jak sɛ jmɛnuje?]

Quel est son nom? (f)
Jak se jmenuje?
[jak sɛ jmɛnuje?]

Quel est votre nom de famille?
Jaké je vaše příjmení?
[jakɛ: jɛ vaʃɛ prʒi:jmɛni:?]

Vous pouvez m'appeler ...
Můžete mi říkat ...
[mu:ʒetɛ mɪ rʒi:kat ...]

D'où êtes-vous?
Odkud jste?
[otkut jstɛ?]

Je suis de ...
Jsem z ...
[jsɛm s ...]

Qu'est-ce que vous faites dans la vie?
Čím jste?
[tʃi:m jstɛ?]

Qui est-ce?
Kdo to je?
[gdo to jɛ?]

Qui est-il?
Kdo je on?
[gdo jɛ on?]

Qui est-elle?	**Kdo je ona?** [gdo jɛ ona?]
Qui sont-ils?	**Kdo jsou oni?** [gdo jsou onɪ?]

C'est ...	**To je ...** [to jɛ ...]
mon ami	**můj přítel** [muːj prʃiːtɛl]
mon amie	**moje přítelkyně** [mojɛ prʃiːtɛlkɪne]
mon mari	**můj manžel** [muːj manʒel]
ma femme	**moje manželka** [mojɛ manʒelka]

mon père	**můj otec** [muːj otɛts]
ma mère	**moje matka** [mojɛ matka]
mon frère	**můj bratr** [muːj bratr]
ma sœur	**moje sestra** [mojɛ sɛstra]
mon fils	**můj syn** [muːj sɪn]
ma fille	**moje dcera** [mojɛ dtsɛra]

C'est notre fils.	**To je náš syn.** [to jɛ naːʃ sɪn]
C'est notre fille.	**To je naše dcera.** [to jɛ naʃɛ dtsɛra]
Ce sont mes enfants.	**To jsou moje děti.** [to jsou mojɛ detɪ]
Ce sont nos enfants.	**To jsou naše děti.** [to jsou naʃɛ detɪ]

Les adieux

Au revoir!	**Na shledanou!** [na sxlɛdanou!]
Salut!	**Ahoj!** [ahoj!]
À demain.	**Uvidíme se zítra.** [uvɪdi:mɛ sɛ zi:tra]
À bientôt.	**Brzy ahoj.** [brzɪ ahoj]
On se revoit à sept heures.	**Ahoj v sedm.** [ahoj v sɛdm]
Amusez-vous bien!	**Hezkou zábavu!** [hɛskou za:bavu!]
On se voit plus tard.	**Promluvíme si později.** [promluvi:mɛ sɪ pozdejɪ]
Bonne fin de semaine.	**Hezký víkend.** [hɛskɪ vi:kɛnt]
Bonne nuit.	**Dobrou noc.** [dobrou nots]
Il est l'heure que je parte.	**Už musím jít.** [uʒ musi:m ji:t]
Je dois m'en aller.	**Musím jít.** [musi:m ji:t]
Je reviens tout de suite.	**Hned se vrátím.** [hnɛt sɛ vra:ti:m]
Il est tard.	**Je pozdě.** [jɛ pozde]
Je dois me lever tôt.	**Musím brzy vstávat.** [musi:m brzɪ vsta:vat]
Je pars demain.	**Zítra odjíždím.** [zi:tra odji:ʒdi:m]
Nous partons demain.	**Zítra odjíždíme.** [zi:tra odji:ʒdi:mɛ]
Bon voyage!	**Hezký výlet!** [hɛskɪ vɪlɛt!]
Enchanté de faire votre connaissance.	**Jsem rád /ráda/, že jsem vás poznal /poznala/.** [jsɛm ra:d /ra:da/, ʒe jsɛm va:s poznal /poznala/]

Heureux /Heureuse/ d'avoir
parlé avec vous.

**Rád /Ráda/ jsem si s vámi
popovídal /popovídala/.**
[ra:d /ra:da/ jsɛm sɪ s va:mɪ
popovi:dal /popovi:dala/]

Merci pour tout.

Děkuji vám za všechno.
[dekujɪ va:m za vʃɛxno]

Je me suis vraiment amusé /amusée/

Měl /Měla/ jsem se moc dobře.
[mnel /mnela/ jsɛm sɛ mots dobrʒɛ]

Nous nous sommes vraiment
amusés /amusées/

Měli /Měly/ jsme se moc dobře.
[mnelɪ /mnelɪ/ jsmɛ sɛ mots dobrʒɛ]

C'était vraiment plaisant.

Bylo to fakt skvělé.
[bɪlo to fakt skvelɛ:]

Vous allez me manquer.

Bude se mi po tobě stýskat.
[budɛ sɛ mɪ po tobe sti:skat]

Vous allez nous manquer.

Bude se nám po vás stýskat.
[budɛ sɛ na:m po va:s sti:skat]

Bonne chance!

Hodně štěstí!
[hodne ʃtesti:!]

Mes salutations à ...

Pozdravuj ...
[pozdravuj ...]

Une langue étrangère

Je ne comprends pas.	**Nerozumím.** [nɛrozumi:m]
Écrivez-le, s'il vous plaît.	**Napište to, prosím.** [napɪʃtɛ to, prosi:m]
Parlez-vous ...?	**Mluvíte ...?** [mluvi:tɛ ...?]

Je parle un peu ...	**Mluvím trochu ...** [mluvi:m troxu ...]
anglais	**anglicky** [anglɪtskɪ]
turc	**turecky** [turɛtskɪ]
arabe	**arabsky** [arapskɪ]
français	**francouzsky** [frantsouskɪ]

allemand	**německy** [nemɛtskɪ]
italien	**italsky** [ɪtalskɪ]
espagnol	**španělsky** [ʃpanelskɪ]
portugais	**portugalsky** [portugalskɪ]
chinois	**čínsky** [tʃi:nskɪ]
japonais	**japonsky** [japonskɪ]

Pouvez-vous le répéter, s'il vous plaît.	**Můžete to prosím zopakovat.** [mu:ʒetɛ to prosi:m zopakovat]
Je comprends.	**Rozumím.** [rozumi:m]
Je ne comprends pas.	**Nerozumím.** [nɛrozumi:m]
Parlez plus lentement, s'il vous plaît.	**Mluvte prosím pomalu.** [mluftɛ prosi:m pomalu]

Est-ce que c'est correct?	**Je to správně?** [jɛ to spra:vne?]
Qu'est-ce que c'est?	**Co to je?** [tso to jɛ?]

Les excuses

Excusez-moi, s'il vous plaît.	**Promiňte, prosím.** [promɪɲ'ᵗtɛ, prosi:m]
Je suis désolé /désolée/	**Omlouvám se.** [omlouva:m sɛ]
Je suis vraiment /désolée/	**Je mi to opravdu líto.** [jɛ mɪ to opravdu li:to]
Désolé /Désolée/, c'est ma faute.	**Omlouvám se, je to moje chyba.** [omlouva:m sɛ, jɛ to mojɛ xɪba]
Au temps pour moi.	**Moje chyba.** [mojɛ xɪba]
Puis-je ... ?	**Můžu ...?** [mu:ʒu ...?]
Ça vous dérange si je ...?	**Nevadilo by vám, kdybych ...?** [nɛvadɪlo bɪ va:m, gdɪbɪx ...?]
Ce n'est pas grave.	**Nic se nestalo.** [nɪts sɛ nɛstalo]
Ça va.	**To je v pořádku.** [to jɛ v porʒa:tku]
Ne vous inquiétez pas.	**Tím se netrapte.** [ti:m sɛ nɛtraptɛ]

Les accords

Oui	**Ano.** [ano]
Oui, bien sûr.	**Ano, jistě.** [ano, jɪste]
Bien.	**Dobrá.** [dobra:]
Très bien.	**Dobře.** [dobrʒɛ]
Bien sûr!	**Samozřejmě!** [samozrʒɛjmne!]
Je suis d'accord.	**Souhlasím.** [souhlasi:m]
C'est correct.	**To je správně.** [to jɛ spra:vne]
C'est exact.	**To je v pořádku.** [to jɛ v porʒa:tku]
Vous avez raison.	**Máte pravdu.** [ma:tɛ pravdu]
Je ne suis pas contre.	**Nevadí mi to.** [nɛvadi: mɪ to]
Tout à fait correct.	**To je naprosto správně.** [to jɛ naprosto spra:vne]
C'est possible.	**Je to možné.** [jɛ to moʒnɛ:]
C'est une bonne idée.	**To je dobrý nápad.** [to jɛ dobri: na:pat]
Je ne peux pas dire non.	**Nemůžu říct ne.** [nɛmu:ʒu rʒi:tst nɛ]
J'en serai ravi /ravie/	**Hrozně rád /ráda/.** [hrozne ra:d /ra:da/]
Avec plaisir.	**S radostí.** [s radosti:]

Refus, exprimer le doute

Non	**Ne.** [nɛ]
Absolument pas.	**Určitě ne.** [urtʃɪte nɛ]
Je ne suis pas d'accord.	**Nesouhlasím.** [nɛsouhlasi:m]
Je ne le crois pas.	**Myslím, že ne.** [mɪsli:m, ʒe nɛ]
Ce n'est pas vrai.	**To není pravda.** [to nɛni: pravda]

Vous avez tort.	**Mýlíte se.** [mɪli:tɛ sɛ]
Je pense que vous avez tort.	**Myslím, že se mýlíte.** [mɪsli:m, ʒe sɛ mi:li:tɛ]
Je ne suis pas sûr /sûre/	**Nejsem si jist /jista/.** [nɛjsɛm sɪ jɪst /jɪsta/]
C'est impossible.	**To je nemožné.** [to jɛ nɛmoʒnɛ:]
Pas du tout!	**Nic takového!** [nɪts takovɛ:ho!]

Au contraire!	**Přesně naopak.** [prʃɛsne naopak]
Je suis contre.	**Jsem proti.** [jsɛm protɪ]
Ça m'est égal.	**Je mi to jedno.** [jɛ mɪ to jɛdno]
Je n'ai aucune idée.	**Nemám ani ponětí.** [nɛma:m anɪ poneti:]
Je doute que cela soit ainsi.	**To pochybuju.** [to poxɪbuju]

Désolé /Désolée/, je ne peux pas.	**Bohužel, nemůžu.** [bohuʒel, nɛmu:ʒu]
Désolé /Désolée/, je ne veux pas.	**Bohužel, nechci.** [bohuʒel, nɛxtsɪ]

Merci, mais ça ne m'intéresse pas.	**Děkuju, ale to já nepotřebuju.** [dekuju, alɛ to ja: nɛpotrʒɛbuju]
Il se fait tard.	**Už je pozdě.** [uʒ jɛ pozde]

Je dois me lever tôt.

Musím brzy vstávat.
[musi:m brzɪ vsta:vat]

Je ne me sens pas bien.

Necítím se dobře.
[nɛtsi:ti:m sɛ dobrʒɛ]

Exprimer la gratitude

Merci.	**Děkuju.** [dekuju]
Merci beaucoup.	**Děkuju mockrát.** [dekuju motskra:t]
Je l'apprécie beaucoup.	**Opravdu si toho vážím.** [opravdu sɪ toho va:ʒi:m]
Je vous suis très reconnaissant.	**Jsem vám opravdu vděčný /vděčná/.** [jsɛm va:m opravdu vdetʃni: /vdetʃna:/]
Nous vous sommes très reconnaissant.	**Jsme vám opravdu vděční.** [jsmɛ va:m opravdu vdetʃni:]

Merci pour votre temps.	**Děkuju za váš čas.** [dekuju za va:ʃ tʃas]
Merci pour tout.	**Děkuju za všechno.** [dekuju za vʃɛxno]
Merci pour ...	**Děkuju za ...** [dekuju za ...]
votre aide	**vaši pomoc** [vaʃɪ pomots]
les bons moments passés	**příjemně strávený čas** [prʒi:jɛme stra:vɛnɪ tʃas]

un repas merveilleux	**skvělé jídlo** [skvelɛ: ji:dlo]
cette agréable soirée	**příjemný večer** [prʒi:jɛmnɪ vɛtʃɛr]
cette merveilleuse journée	**nádherný den** [na:dhɛrni: dɛn]
une excursion extraordinaire	**úžasnou cestu** [u:ʒasnou tsɛstu]

Il n'y a pas de quoi.	**To nestojí za řeč.** [to nɛstoji: za rʒɛtʃ]
Vous êtes les bienvenus.	**Není zač.** [nɛni: zatʃ]
Mon plaisir.	**Je mi potěšením.** [jɛ mɪ poteʃɛni:m]
J'ai été heureux /heureuse/ de vous aider.	**S radostí.** [s radosti:]
Ça va. N'y pensez plus.	**To nestojí za řeč.** [to nɛstoji: za rʒɛtʃ]
Ne vous inquiétez pas.	**Tím se netrapte.** [ti:m sɛ nɛtraptɛ]

Félicitations. Vœux de fête

Félicitations!	**Blahopřeju!** [blahoprʒɛju!]
Joyeux anniversaire!	**Všechno nejlepší k narozeninám!** [vʃɛxno nɛjlɛpʃi: k narozɛnɪna:m!]
Joyeux Noël!	**Veselé Vánoce!** [vɛsɛlɛ: va:notsɛ!]
Bonne Année!	**Šťastný nový rok!** [ʃtʲastni: novi: rok!]
Joyeuses Pâques!	**Veselé Velikonoce!** [vɛsɛlɛ: vɛlɪkonotsɛ!]
Joyeux Hanoukka!	**Šťastnou Chanuku!** [ʃtʲastnou xanuku!]
Je voudrais proposer un toast.	**Chtěl /Chtěla/ bych pronést přípitek.** [xtel /xtela/ bɪx pronɛ:st prʒi:pɪtɛk]
Santé!	**Na zdraví!** [na zdravi:!]
Buvons à …!	**Pojďme se napít na …!** [pojdʲmɛ sɛ napi:t na …!]
À notre succès!	**Na náš úspěch!** [na na:ʃ u:spex!]
À votre succès!	**Na váš úspěch!** [na va:ʃ u:spex!]
Bonne chance!	**Hodně štěstí!** [hodne ʃtesti:!]
Bonne journée!	**Hezký den!** [hɛski: dɛn!]
Passez de bonnes vacances !	**Hezkou dovolenou!** [hɛskou dovolɛnou!]
Bon voyage!	**Šťastnou cestu!** [ʃtʲastnou tsɛstu!]
Rétablissez-vous vite.	**Doufám, že se brzy uzdravíte!** [doufa:m, ʒe sɛ brzɪ uzdravi:tɛ!]

Socialiser

Pourquoi êtes-vous si triste?	**Proč jste smutný /smutná/?** [protʃ jstɛ smutni: /smutna:/?]
Souriez!	**Usmějte se! Hlavu vzhůru!** [usmnejtɛ sɛ! hlavu vzhu:ru!]
Êtes-vous libre ce soir?	**Máte dnes večer čas?** [ma:tɛ dnɛs vɛtʃɛr tʃas?]

Puis-je vous offrir un verre?	**Můžu vám nabídnout něco k pití?** [mu:ʒu va:m nabi:dnout netso k pɪti:?]
Voulez-vous danser?	**Smím prosít?** [smi:m prosi:t?]
Et si on va au cinéma?	**Nechcete jít do kina?** [nɛxtsɛtɛ ji:t do kɪna?]

Puis-je vous inviter ...	**Můžu vás pozvat ...?** [mu:ʒu va:s pozvat ...?]
au restaurant	**do restaurace** [do rɛstauratsɛ]
au cinéma	**do kina** [do kɪna]
au théâtre	**do divadla** [do dɪvadla]
pour une promenade	**na procházku** [na proxa:sku]

À quelle heure?	**V kolik hodin?** [v kolɪk hodɪn?]
ce soir	**dnes večer** [dnɛs vɛtʃɛr]
à six heures	**v šest** [v ʃɛst]
à sept heures	**v sedm** [v sɛdm]
à huit heures	**v osm** [v osm]
à neuf heures	**v devět** [v dɛvet]

Est-ce que vous aimez cet endroit?	**Líbí se vám tady?** [li:bi: sɛ va:m tadɪ?]
Êtes-vous ici avec quelqu'un?	**Jste tady s někým?** [jstɛ tadɪ s neki:m?]
Je suis avec mon ami.	**Jsem tady s přítelem /přítelkyní/.** [jsɛm tadɪ s prʒi:tɛlɛm /prʒi:tɛlkɪni:/]

Je suis avec mes amis. **Jsem tady s přáteli.**
[jsɛm tadɪ s prʒaːtɛlɪ]

Non, je suis seul /seule/ **Ne, jsem tady sám /sama/.**
[nɛ, jsɛm tadɪ saːm /sama/]

As-tu un copain? **Máš přítele?**
[maːʃ prʃiːtɛlɛ?]

J'ai un copain. **Mám přítele.**
[maːm prʃiːtɛlɛ]

As-tu une copine? **Máš přítelkyni?**
[maːʃ prʃiːtɛlkɪnɪ?]

J'ai une copine. **Mám přítelkyni.**
[maːm prʃiːtɛlkɪnɪ]

Est-ce que je peux te revoir? **Můžu tě zase vidět?**
[muːʒu te zasɛ vɪdet?]

Est-ce que je peux t'appeler? **Můžu ti zavolat?**
[muːʒu tɪ zavolat?]

Appelle-moi. **Zavolej mi.**
[zavolɛj mɪ]

Quel est ton numéro? **Jaké je tvoje číslo?**
[jakɛ: jɛ tvojɛ tʃiːslo?]

Tu me manques. **Stýská se mi po tobě.**
[stiːska: sɛ mɪ po tobe]

Vous avez un très beau nom. **Máte krásné jméno.**
[maːtɛ kraːsnɛ: jmɛːno]

Je t'aime. **Miluju tě.**
[mɪluju te]

Veux-tu te marier avec moi? **Vezmeš si mě?**
[vɛzmɛʃ sɪ mne?]

Vous plaisantez! **Děláte si legraci!**
[delaːtɛ sɪ lɛgratsɪ!]

Je plaisante. **Žertoval /Žertovala/ jsem.**
[ʒertoval /ʒertovala/ jsɛm]

Êtes-vous sérieux /sérieuse/? **Myslíte to vážně?**
[mɪsliːtɛ to vaːʒne?]

Je suis sérieux /sérieuse/ **Myslím to vážně.**
[mɪsliːm to vaːʒne]

Vraiment?! **Opravdu?!**
[opravdu?!]

C'est incroyable! **To je neuvěřitelné!**
[to jɛ nɛuverʒɪtɛlnɛ:!]

Je ne vous crois pas. **Nevěřím vám.**
[nɛverʒiːm vaːm]

Je ne peux pas. **Nemůžu.**
[nɛmuːʒu]

Je ne sais pas. **Nevím.**
[nɛviːm]

Je ne vous comprends pas **Nerozumím vám.**
[nɛrozumiːm vaːm]

Laissez-moi! Allez-vous-en!

Odejděte prosím.
[odɛjdetɛ prosi:m]

Laissez-moi tranquille!

Nechte mě na pokoji!
[nɛxtɛ mne na pokojɪ!]

Je ne le supporte pas.

Nesnáším ho.
[nɛsna:ʃi:m ho]

Vous êtes dégoûtant!

Jste odporný!
[jstɛ otporni:!]

Je vais appeler la police!

Zavolám policii!
[zavola:m polɪtsɪjɪ!]

Partager des impressions. Émotions

J'aime ça.

C'est gentil.

C'est super!

C'est assez bien.

Líbí se mi to.
[li:bi: sɛ mɪ to]
Moc pěkné.
[mots peknɛ:]
To je skvělé!
[to jɛ skvelɛ:!]
To není špatné.
[to nɛni: ʃpatnɛ:]

Je n'aime pas ça.

Ce n'est pas bien.

C'est mauvais.

Ce n'est pas bien du tout.

C'est dégoûtant.

Nelíbí se mi to.
[nɛli:bi: sɛ mɪ to]
To není dobře.
[to nɛni: dobrʒɛ]
To je špatné.
[to jɛ ʃpatnɛ:]
Je to moc špatné.
[jɛ to mots ʃpatnɛ:]
To je odporné.
[to jɛ otpornɛ:]

Je suis content /contente/

Je suis heureux /heureuse/

Je suis amoureux /amoureuse/

Je suis calme.

Je m'ennuie.

Jsem šťastný /šťastná/.
[jsɛm ʃtʲastni: /ʃtʲastna:/]
Jsem spokojený /spokojená/.
[jsɛm spokojɛni: /spokojɛna:/]
Jsem zamilovaný /zamilovaná/.
[jsɛm zamɪlovani: /zamɪlovana:/]
Jsem klidný /klidná/.
[jsɛm klɪdni: /klɪdna:/]
Nudím se.
[nudi:m sɛ]

Je suis fatigué /fatiguée/

Je suis triste.

J'ai peur.

Jsem unavený /unavená/.
[jsɛm unavɛni: /unavɛna:/]
Jsem smutný /smutná/.
[jsɛm smutni: /smutna:/]
Jsem vystrašený /vystrašená/.
[jsɛm vɪstraʃɛni: /vɪstraʃɛna:/]

Je suis fâché /fâchée/

Je suis inquiet /inquiète/

Je suis nerveux /nerveuse/

Zlobím se.
[zlobi:m sɛ]
Mám starosti.
[ma:m starostɪ]
Jsem nervózní.
[jsɛm nɛrvózni:]

Je suis jaloux /jalouse/

Žárlím.
[ʒaːrliːm]

Je suis surpris /surprise/

Jsem překvapený /překvapená/.
[jsɛm prʒɛkvapɛniː /prʒɛkvapɛnaː/]

Je suis gêné /gênée/

Jsem zmatený /zmatená/.
[jsɛm zmatɛniː /zmatɛnaː/]

Problèmes. Accidents

J'ai un problème.	**Mám problém.** [ma:m problɛ:m]
Nous avons un problème.	**Máme problém.** [ma:mɛ problɛ:m]
Je suis perdu /perdue/	**Ztratil /Ztratila/ jsem se.** [stratɪl /stratɪla/ jsɛm sɛ]
J'ai manqué le dernier bus (train).	**Zmeškal /Zmeškala/ jsem poslední autobus (vlak).** [zmɛʃkal /zmɛʃkala/ jsɛm poslɛdni: autobus (vlak)]
Je n'ai plus d'argent.	**Už nemám žádné peníze.** [uʒ nɛma:m ʒa:dnɛ: pɛni:zɛ]

J'ai perdu mon …	**Ztratil /Ztratila/ jsem …** [stratɪl /stratɪla/ jsɛm …]
On m'a volé mon …	**Někdo mi ukradl …** [negdo mɪ ukradl …]
passeport	**pas** [pas]
portefeuille	**peněženku** [pɛneʒeŋku]
papiers	**dokumenty** [dokumɛntɪ]
billet	**vstupenku** [vstupɛŋku]

argent	**peníze** [pɛni:zɛ]
sac à main	**kabelku** [kabɛlku]
appareil photo	**fotoaparát** [fotoapara:t]
portable	**počítač** [potʃi:tatʃ]
ma tablette	**tablet** [tablɛt]
mobile	**mobilní telefon** [mobɪlni: tɛlɛfon]

Au secours!	**Pomozte mi!** [pomoztɛ mɪ!]
Qu'est-il arrivé?	**Co se stalo?** [tso sɛ stalo?]

un incendie	**požár** [poʒaːr]
des coups de feu	**střelba** [strʒɛlba]
un meurtre	**vražda** [vraʒda]
une explosion	**výbuch** [viːbux]
une bagarre	**rvačka** [rvatʃka]

Appelez la police!	**Zavolejte policii!** [zavolɛjtɛ polɪtsɪjɪ!]
Dépêchez-vous, s'il vous plaît!	**Pospěšte si prosím!** [pospeʃtɛ sɪ prosiːm!]
Je cherche le commissariat de police.	**Hledám policejní stanici.** [hlɛdaːm polɪtsɛjni: stanɪtsɪ]
Il me faut faire un appel.	**Potřebuju si zavolat.** [potrʒɛbuju sɪ zavolat]
Puis-je utiliser votre téléphone?	**Můžu si od vás zavolat?** [muːʒu sɪ od vaːs zavolat?]

J'ai été ...	**Byl /Byla/ jsem ...** [bɪl /bɪla/ jsɛm ...]
agressé /agressée/	**přepaden /přepadena/** [prʃɛpadɛn /prʃɛpadɛna/]
volé /volée/	**oloupen /oloupena/** [oloupɛn /oloupɛna/]
violée	**znásilněna** [znaːsɪlnena]
attaqué /attaquée/	**napaden /napadena/** [napadɛn /napadɛna/]

Est-ce que ça va?	**Jste v pořádku?** [jstɛ v porʒaːtku?]
Avez-vous vu qui c'était?	**Viděl /Viděla/ jste, kdo to byl?** [vɪdel /vɪdela/ jstɛ, gdo to bɪl?]
Pourriez-vous reconnaître cette personne?	**Poznal /Poznala/ byste toho člověka?** [poznal /poznala/ bɪstɛ toho tʃloveka?]
Vous êtes sûr?	**Jste si tím jist /jista/?** [jstɛ sɪ tiːm jɪst /jɪsta/?]

Calmez-vous, s'il vous plaît.	**Uklidněte se, prosím.** [uklɪdnetɛ sɛ, prosiːm]
Calmez-vous!	**Uklidněte se!** [uklɪdnetɛ sɛ!]
Ne vous inquiétez pas.	**Nebojte se!** [nɛbojtɛ sɛ!]
Tout ira bien.	**Všechno bude v pořádku.** [vʃɛxno budɛ v porʒaːtku]
Ça va. Tout va bien.	**Vše v pořádku.** [vʃɛ v porʒaːtku]

Venez ici, s'il vous plaît.	**Pojďte sem, prosím.** [pojdʲtɛ sɛm, prosi:m]
J'ai des questions à vous poser.	**Mám na vás několik otázek.** [ma:m na va:s nekolɪk ota:zɛk]
Attendez un moment, s'il vous plaît.	**Okamžik, prosím.** [okamʒɪk, prosi:m]
Avez-vous une carte d'identité?	**Máte nějaký průkaz totožnosti?** [ma:tɛ nejaki: pru:kaz totoʒnostɪ?]
Merci. Vous pouvez partir maintenant.	**Díky. Teď můžete odejít.** [di:kɪ. tɛdʲ mu:ʒetɛ odɛji:t]
Les mains derrière la tête!	**Ruce za hlavu!** [rutsɛ za hlavu!]
Vous êtes arrêté!	**Jste zatčen /zatčena/!** [jstɛ zattʃɛn /zattʃɛna/!]

Problèmes de santé

Aidez-moi, s'il vous plaît.	**Prosím vás, pomozte mi.** [prosi:m va:s, pomozte mɪ]
Je ne me sens pas bien.	**Necítím se dobře.** [nɛtsi:ti:m sɛ dobrʒɛ]
Mon mari ne se sent pas bien.	**Můj manžel se necítí dobře.** [mu:j manʒel sɛ nɛtsi:ti: dobrʒe]
Mon fils ...	**Můj syn ...** [mu:j sɪn ...]
Mon père ...	**Můj otec ...** [mu:j otɛts ...]
Ma femme ne se sent pas bien.	**Moje manželka se necítí dobře.** [mojɛ manʒelka sɛ nɛtsi:ti: dobrʒe]
Ma fille ...	**Moje dcera ...** [mojɛ dtsɛra ...]
Ma mère ...	**Moje matka ...** [mojɛ matka ...]
J'ai mal ...	**Bolí mě ...** [boli: mne ...]
à la tête	**hlava** [hlava]
à la gorge	**v krku** [v krku]
à l'estomac	**žaludek** [ʒaludɛk]
aux dents	**zub** [zup]
J'ai le vertige.	**Mám závratě.** [ma:m za:vrate]
Il a de la fièvre.	**On má horečku.** [on ma: horɛtʃku]
Elle a de la fièvre.	**Ona má horečku.** [ona ma: horɛtʃku]
Je ne peux pas respirer.	**Nemůžu dýchat.** [nɛmu:ʒu di:xat]
J'ai du mal à respirer.	**Nemůžu se nadechnout.** [nɛmu:ʒu sɛ nadɛxnout]
Je suis asthmatique.	**Jsem astmatik /astmatička/.** [jsɛm astmatɪk /astmatɪtʃka/]
Je suis diabétique.	**Jsem diabetik /diabetička/.** [jsɛm dɪabɛtɪk /dɪabɛtɪtʃka/]

Je ne peux pas dormir.	**Nemůžu spát.** [nɛmu:ʒu spa:t]
intoxication alimentaire	**otrava z jídla** [otrava z ji:dla]

Ça fait mal ici.	**Tady to bolí.** [tadɪ to boli:]
Aidez-moi!	**Pomozte mi!** [pomoztɛ mɪ!]
Je suis ici!	**Tady jsem!** [tadɪ jsɛm!]
Nous sommes ici!	**Tady jsme!** [tadɪ jsmɛ!]
Sortez-moi d'ici!	**Dostaňte mě odtud!** [dostaňtɛ mne odtut!]
J'ai besoin d'un docteur.	**Potřebuju doktora.** [potrʒɛbuju doktora]
Je ne peux pas bouger!	**Nemůžu se hýbat.** [nɛmu:ʒu sɛ hi:bat]
Je ne peux pas bouger mes jambes.	**Nemůžu hýbat nohama.** [nɛmu:ʒu hi:bat nohama]

Je suis blessé /blessée/	**Jsem zraněný /zraněná/.** [jsɛm zraneni: /zranena:/]
Est-ce que c'est sérieux?	**Je to vážné?** [jɛ to va:ʒnɛ:?]
Mes papiers sont dans ma poche.	**Doklady mám v kapse.** [dokladɪ ma:m v kapsɛ]
Calmez-vous!	**Uklidněte se!** [uklɪdnetɛ sɛ!]
Puis-je utiliser votre téléphone?	**Můžu si od vás zavolat?** [mu:ʒu sɪ od va:s zavolat?]

Appelez une ambulance!	**Zavolejte sanitku!** [zavolɛjtɛ sanɪtku!]
C'est urgent!	**Je to urgentní!** [jɛ to urgɛntni:!]
C'est une urgence!	**To je pohotovost!** [to jɛ pohotovost!]
Dépêchez-vous, s'il vous plaît!	**Prosím vás, pospěšte si!** [prosi:m va:s, pospeʃtɛ sɪ!]
Appelez le docteur, s'il vous plaît.	**Zavolal /Zavolala/ byste prosím lékaře?** [zavolal /zavolala/ bɪstɛ prosi:m lɛ:karʒɛ?]
Où est l'hôpital?	**Kde je nemocnice?** [gdɛ jɛ nɛmotsnɪtsɛ?]

Comment vous sentez-vous?	**Jak se cítíte?** [jak sɛ tsi:ti:tɛ?]
Est-ce que ça va?	**Jste v pořádku?** [jstɛ v porʒa:tku?]

Qu'est-il arrivé?

Co se stalo?
[tso sɛ stalo?]

Je me sens mieux maintenant.

Teď už se cítím líp.
[tɛdʲ uʒ sɛ tsi:ti:m li:p]

Ça va. Tout va bien.

To je v pořádku.
[to jɛ v porʒa:tku]

Ça va.

To je v pořádku.
[to jɛ v porʒa:tku]

À la pharmacie

pharmacie	**lékárna** [lɛ:ka:rna]
pharmacie 24 heures	**non-stop lékárna** [non-stop lɛ:ka:rna]
Où se trouve la pharmacie la plus proche?	**Kde je nejbližší lékárna?** [gdɛ jɛ nɛjblɪʒʃi: le:ka:rna?]
Est-elle ouverte en ce moment?	**Mají teď otevřeno?** [maji: tɛdʲ otɛvrʒɛno?]
À quelle heure ouvre-t-elle?	**V kolik hodin otvírají?** [v kolɪk hodɪn otvi:raji:?]
à quelle heure ferme-t-elle?	**V kolik hodin zavírají?** [v kolɪk hodɪn zavi:raji:?]
C'est loin?	**Je to daleko?** [jɛ to dalɛko?]
Est-ce que je peux y aller à pied?	**Dostanu se tam pěšky?** [dostanu sɛ tam peʃkɪ?]
Pouvez-vous me le montrer sur la carte?	**Můžete mi to ukázat na mapě?** [mu:ʒɛtɛ mɪ to uka:zat na mape?]
Pouvez-vous me donner quelque chose contre ...	**Můžete mi prosím vás dát něco na ...** [mu:ʒɛtɛ mɪ prosi:m va:s da:t netso na]
le mal de tête	**bolení hlavy** [bolɛni: hlavɪ]
la toux	**kašel** [kaʃɛl]
le rhume	**nachlazení** [naxlazɛni:]
la grippe	**chřipka** [xrʃɪpka]
la fièvre	**horečka** [horɛtʃka]
un mal d'estomac	**bolesti v žaludku** [bolɛstɪ v ʒalutku]
la nausée	**nucení na zvracení** [nutsɛni: na zvratsɛni:]
la diarrhée	**průjem** [pru:jɛm]
la constipation	**zácpa** [za:tspa]
un mal de dos	**bolest v zádech** [bolɛst v za:dɛx]

les douleurs de poitrine	**bolest na hrudi** [bolɛst na hrudɪ]
les points de côté	**boční steh** [botʃni: stɛh]
les douleurs abdominales	**bolest břicha** [bolɛst brʒɪxa]

une pilule	**pilulka** [pɪlulka]
un onguent, une crème	**mast, krém** [mast, krɛ:m]
un sirop	**sirup** [sɪrup]
un spray	**sprej** [sprɛj]
les gouttes	**kapky** [kapkɪ]

Vous devez allez à l'hôpital.	**Musíte jít do nemocnice.** [musi:tɛ ji:t do nɛmotsnɪtsɛ]
assurance maladie	**zdravotní pojištění** [zdravotni: pojɪʃteni:]
prescription	**předpis** [prʃɛtpɪs]
produit anti-insecte	**repelent proti hmyzu** [rɛpɛlɛnt protɪ hmɪzu]
bandages adhésifs	**náplast** [na:plast]

Les essentiels

Excusez-moi, ...	**Promiňte, ...** [promɪnʲtɛ, ...]
Bonjour	**Dobrý den.** [dobriː dɛn]
Merci	**Děkuji.** [dekujɪ]
Au revoir	**Na shledanou.** [na sxlɛdanou]
Oui	**Ano.** [ano]
Non	**Ne.** [nɛ]
Je ne sais pas.	**Nevím.** [nɛviːm]
Où? (~ es-tu?) | Où? (~ vas-tu?) | Quand?	**Kde? | Kam? | Kdy?** [gdɛ? | kam? | gdɪ?]

J'ai besoin de ...	**Potřebuju ...** [potrʒɛbuju ...]
Je veux ...	**Chci ...** [xtsɪ ...]
Avez-vous ... ?	**Máte ...?** [maːtɛ ...?]
Est-ce qu'il y a ... ici?	**Je tady ...?** [jɛ tadɪ ...?]
Puis-je ... ?	**Můžu ...?** [muːʒu ...?]
s'il vous plaît (pour une demande)	**..., prosím** [..., prosiːm]

Je cherche ...	**Hledám ...** [hlɛdaːm ...]
les toilettes	**toaletu** [toalɛtu]
un distributeur	**bankomat** [baŋkomat]
une pharmacie	**lékárnu** [lɛːkaːrnu]
l'hôpital	**nemocnici** [nɛmotsnɪtsɪ]
le commissariat de police	**policejní stanici** [polɪtsɛjni: stanɪtsɪ]
une station de métro	**metro** [mɛtro]

un taxi	**taxík** [taksi:k]
la gare	**vlakové nádraží** [vlakovɛ na:draʒi:]

Je m'appelle ...	**Jmenuju se ...** [jmɛnuju sɛ ...]
Comment vous appelez-vous?	**Jak se jmenujete?** [jak sɛ jmɛnujɛtɛ?]
Aidez-moi, s'il vous plaît.	**Můžete mi prosím pomoct?** [mu:ʒetɛ mɪ prosi:m pomotst?]
J'ai un problème.	**Mám problém.** [ma:m problɛ:m]
Je ne me sens pas bien.	**Necítím se dobře.** [nɛtsi:ti:m sɛ dobrʒɛ]
Appelez une ambulance!	**Zavolejte sanitku!** [zavolɛjtɛ sanɪtku!]
Puis-je faire un appel?	**Můžu si zavolat?** [mu:ʒu sɪ zavolat?]

Excusez-moi.	**Omlouvám se.** [omlouva:m sɛ]
Je vous en prie.	**Není zač.** [nɛni: zatʃ]

je, moi	**Já** [ja:]
tu, toi	**ty** [tɪ]
il	**on** [on]
elle	**ona** [ona]
ils	**oni** [onɪ]
elles	**ony** [onɪ]
nous	**my** [mɪ]
vous	**vy** [vɪ]
Vous	**vy** [vɪ]

ENTRÉE	**VCHOD** [vxot]
SORTIE	**VÝCHOD** [vi:xot]
HORS SERVICE | EN PANNE	**MIMO PROVOZ** [mɪmo provos]
FERMÉ	**ZAVŘENO** [zavrʒɛno]

OUVERT	**OTEVŘENO** [otɛvrʒɛno]
POUR LES FEMMES	**ŽENY** [ʒɛnɪ]
POUR LES HOMMES	**MUŽI** [muʒɪ]

VOCABULAIRE THÉMATIQUE

Cette section contient plus
de 3000 des mots les plus
importants. Le dictionnaire
sera d'une aide indispensable
lors de voyages à l'étranger
puisque les mots individuels
sont souvent assez pour être
compris. Le dictionnaire
comprend une transcription
utile de chaque mot

T&P Books Publishing

CONTENU DU DICTIONNAIRE

T&P Books Publishing

T&P BOOKS

CONCEPTS DE BASE

T&P Books Publishing

1. Les pronoms

je	já	[ja:]
tu	ty	[tɪ]
il	on	[on]
elle	ona	[ona]
nous	my	[mɪ]
vous	vy	[vɪ]
ils, elles (inanim.)	ony	[onɪ]
ils, elles (anim.)	oni	[onɪ]

2. Adresser des vœux. Se dire bonjour

Bonjour! (fam.)	**Dobrý den!**	[dobri: dɛn]
Bonjour! (form.)	**Dobrý den!**	[dobri: dɛn]
Bonjour! (le matin)	**Dobré jitro!**	[dobrɛ: jɪtro]
Bonjour! (après-midi)	**Dobrý den!**	[dobri: dɛn]
Bonsoir!	**Dobrý večer!**	[dobri: vɛʧɛr]

dire bonjour	**zdravit**	[zdravɪt]
Salut!	**Ahoj!**	[ahoj]
salut (m)	**pozdrav** (m)	[pozdraf]
saluer (vt)	**zdravit**	[zdravɪt]
Comment ça va?	**Jak se máte?**	[jak sɛ ma:tɛ]
Quoi de neuf?	**Co je nového?**	[ʦo jɛ novɛ:ho]

Au revoir!	**Na shledanou!**	[na sxlɛdanou]
À bientôt!	**Brzy na shledanou!**	[brzɪ na sxlɛdanou]
Adieu!	**Sbohem!**	[zbohɛm]
dire au revoir	**loučit se**	[louʧɪt sɛ]
Salut! (À bientôt!)	**Ahoj!**	[ahoj]

Merci!	**Děkuji!**	[dekujɪ]
Merci beaucoup!	**Děkuji mnohokrát!**	[dekujɪ mnohokra:t]
Je vous en prie	**Prosím**	[prosi:m]
Il n'y a pas de quoi	**Nemoci se dočkat**	[nɛmoʦɪ sɛ doʧkat]
Pas de quoi	**Není zač**	[nɛni: zaʧ]

Excuse-moi!	**Promiň!**	[promɪɲ]
Excusez-moi!	**Promiňte!**	[promɪɲtɛ]
excuser (vt)	**omlouvat**	[omlouvat]
s'excuser (vp)	**omlouvat se**	[omlouvat sɛ]

Mes excuses	**Má soustrast**	[ma: soustrast]
Pardonnez-moi!	**Promiňte!**	[promɪnʲtɛ]
pardonner (vt)	**omlouvat**	[omlouvat]
s'il vous plaît	**prosím**	[prosi:m]

N'oubliez pas!	**Nezapomeňte!**	[nɛzapomɛnʲtɛ]
Bien sûr!	**Jistě!**	[jɪste]
Bien sûr que non!	**Rozhodně ne!**	[rozhodne nɛ]
D'accord!	**Souhlasím!**	[souhlasi:m]
Ça suffit!	**Dost!**	[dost]

3. Les questions

Qui?	**Kdo?**	[gdo]
Quoi?	**Co?**	[tso]
Où? (~ es-tu?)	**Kde?**	[gdɛ]
Où? (~ vas-tu?)	**Kam?**	[kam]
D'où?	**Odkud?**	[otkut]
Quand?	**Kdy?**	[gdɪ]
Pourquoi? (~ es-tu venu?)	**Proč?**	[protʃ]
Pourquoi? (~ t'es pâle?)	**Proč?**	[protʃ]

À quoi bon?	**Na co?**	[na tso]
Comment?	**Jak?**	[jak]
Quel? (à ~ prix?)	**Jaký?**	[jaki:]
Lequel?	**Který?**	[ktɛri:]

À qui? (pour qui?)	**Komu?**	[komu]
De qui?	**O kom?**	[o kom]
De quoi?	**O čem?**	[o tʃɛm]
Avec qui?	**S kým?**	[s ki:m]

| Combien? | **Kolik?** | [kolɪk] |
| À qui? (~ est ce livre?) | **Čí?** | [tʃi:] |

4. Les prépositions

avec (~ toi)	**s, se**	[s], [sɛ]
sans (~ sucre)	**bez**	[bɛz]
à (aller ~ ...)	**do**	[do]
de (au sujet de)	**o**	[o]
avant (~ midi)	**před**	[prʃɛt]
devant (~ la maison)	**před**	[prʃɛt]

sous (~ la commode)	**pod**	[pot]
au-dessus de ...	**nad**	[nat]
sur (dessus)	**na**	[na]
de (venir ~ Paris)	**z**	[z]

en (en bois, etc.)	z	[z]
dans (~ deux heures)	za	[za]
par dessus	přes	[prʃɛs]

5. Les mots-outils. Les adverbes. Partie 1

Où? (~ es-tu?)	Kde?	[gdɛ]
ici (c'est ~)	zde	[zdɛ]
là-bas (c'est ~)	tam	[tam]

| quelque part (être) | někde | [negdɛ] |
| nulle part (adv) | nikde | [nɪgdɛ] |

| près de ... | u ... | [u] |
| près de la fenêtre | u okna | [u okna] |

Où? (~ vas-tu?)	Kam?	[kam]
ici (Venez ~)	sem	[sɛm]
là-bas (j'irai ~)	tam	[tam]
d'ici (adv)	odsud	[otsut]
de là-bas (adv)	odtamtud	[odtamtut]

| près (pas loin) | blízko | [bli:sko] |
| loin (adv) | daleko | [dalɛko] |

près de (~ Paris)	kolem	[kolɛm]
tout près (adv)	poblíž	[pobli:ʒ]
pas loin (adv)	nedaleko	[nɛdalɛko]

gauche (adj)	levý	[lɛvi:]
à gauche (être ~)	zleva	[zlɛva]
à gauche (tournez ~)	vlevo	[vlɛvo]

droit (adj)	pravý	[pravi:]
à droite (être ~)	zprava	[sprava]
à droite (tournez ~)	vpravo	[vpravo]

devant (adv)	zpředu	[sprʃɛdu]
de devant (adj)	přední	[prʃɛdni:]
en avant (adv)	vpřed	[vprʃɛt]

derrière (adv)	za	[za]
par derrière (adv)	zezadu	[zɛzadu]
en arrière (regarder ~)	zpět	[spet]

| milieu (m) | střed (m) | [strʃɛt] |
| au milieu (adv) | uprostřed | [uprostrʃɛt] |

| de côté (vue ~) | z boku | [z boku] |
| partout (adv) | všude | [vʃudɛ] |

autour (adv)	kolem	[kolɛm]
de l'intérieur	zevnitř	[zɛvnɪtrʃ]
quelque part (aller)	někam	[nekam]
tout droit (adv)	přímo	[prʃiːmo]
en arrière (revenir ~)	zpět	[spet]
de quelque part (n'import d'où)	odněkud	[odnekut]
de quelque part (on ne sait pas d'où)	odněkud	[odnekut]
premièrement (adv)	za prvé	[za prvɛ:]
deuxièmement (adv)	za druhé	[za druhɛ:]
troisièmement (adv)	za třetí	[za trʃeti:]
soudain (adv)	najednou	[najɛdnou]
au début (adv)	zpočátku	[spotʃa:tku]
pour la première fois	poprvé	[poprvɛ:]
bien avant ...	dávno před ...	[da:vno prʃɛt]
de nouveau (adv)	znovu	[znovu]
pour toujours (adv)	navždy	[navʒdɪ]
jamais (adv)	nikdy	[nɪgdɪ]
de nouveau, encore (adv)	opět	[opet]
maintenant (adv)	nyní	[nɪni:]
souvent (adv)	často	[tʃasto]
alors (adv)	tehdy	[tɛhdɪ]
d'urgence (adv)	neodkladně	[nɛotkladne]
d'habitude (adv)	obyčejně	[obɪtʃɛjne]
à propos, ...	mimochodem	[mɪmoxodɛm]
c'est possible	možná	[moʒna:]
probablement (adv)	asi	[asɪ]
peut-être (adv)	možná	[moʒna:]
en plus, ...	kromě toho ...	[kromne toho]
c'est pourquoi ...	proto ...	[proto]
malgré ...	nehledě na ...	[nɛhlɛde na]
grâce à ...	díky ...	[di:kɪ]
quoi (pron)	co	[tso]
que (conj)	že	[ʒe]
quelque chose (Il m'est arrivé ~)	něco	[netso]
quelque chose (peut-on faire ~)	něco	[netso]
rien (m)	nic	[nɪts]
qui (pron)	kdo	[gdo]
quelqu'un (on ne sait pas qui)	někdo	[negdo]
quelqu'un (n'importe qui)	někdo	[negdo]
personne (pron)	nikdo	[nɪgdo]

nulle part (aller ~)	nikam	[nɪkam]
de personne	ničí	[nɪtʃiː]
de n'importe qui	něčí	[netʃiː]

comme ça (adv)	tak	[tak]
également (adv)	také	[takɛː]
aussi (adv)	také	[takɛː]

6. Les mots-outils. Les adverbes. Partie 2

Pourquoi?	Proč?	[protʃ]
pour une certaine raison	z nějakých důvodů	[z nejakiːx duːvoduː]
parce que ...	protože ...	[protoʒe]
pour une raison quelconque	z nějakých důvodů	[z nejakiːx duːvoduː]

et (conj)	a	[a]
ou (conj)	nebo	[nɛbo]
mais (conj)	ale	[alɛ]
pour ... (prep)	pro	[pro]

trop (adv)	příliš	[prʃiːlɪʃ]
seulement (adv)	jenom	[jɛnom]
précisément (adv)	přesně	[prʃɛsne]
près de ... (prep)	kolem	[kolɛm]

approximativement	přibližně	[prʃɪblɪʒne]
approximatif (adj)	přibližný	[prʃɪblɪʒniː]
presque (adv)	skoro	[skoro]
reste (m)	zbytek (m)	[zbɪtɛk]

chaque (adj)	každý	[kaʒdiː]
n'importe quel (adj)	každý	[kaʒdiː]
beaucoup (adv)	mnoho	[mnoho]
plusieurs (pron)	mnozí	[mnoziː]
tous	všichni	[vʃɪxnɪ]

en échange de ...	výměnou za ...	[viːmnenou za]
en échange (adv)	místo	[miːsto]
à la main (adv)	ručně	[rutʃne]
peu probable (adj)	sotva	[sotva]

probablement (adv)	asi	[asɪ]
exprès (adv)	schválně	[sxvaːlne]
par accident (adv)	náhodou	[naːhodou]

très (adv)	velmi	[vɛlmɪ]
par exemple (adv)	například	[naprʃiːklat]
entre (prep)	mezi	[mɛzɪ]
parmi (prep)	mezi	[mɛzɪ]

| autant (adv) | **tolik** | [tolɪk] |
| surtout (adv) | **zejména** | [zɛjmɛ:na] |

NOMBRES. DIVERS

T&P Books Publishing

zéro	**nula** (ž)	[nula]
un	**jeden**	[jɛdɛn]
deux	**dva**	[dva]
trois	**tři**	[trʃɪ]
quatre	**čtyři**	[ʧtɪrʒɪ]
cinq	**pět**	[pet]
six	**šest**	[ʃɛst]
sept	**sedm**	[sɛdm]
huit	**osm**	[osm]
neuf	**devět**	[dɛvet]
dix	**deset**	[dɛsɛt]
onze	**jedenáct**	[jɛdɛna:ʦt]
douze	**dvanáct**	[dvana:ʦt]
treize	**třináct**	[trʃɪna:ʦt]
quatorze	**čtrnáct**	[ʧtrna:ʦt]
quinze	**patnáct**	[patna:ʦt]
seize	**šestnáct**	[ʃɛstna:ʦt]
dix-sept	**sedmnáct**	[sɛdmna:ʦt]
dix-huit	**osmnáct**	[osmna:ʦt]
dix-neuf	**devatenáct**	[dɛvatɛna:ʦt]
vingt	**dvacet**	[dvaʦɛt]
vingt et un	**dvacet jeden**	[dvaʦɛt jɛdɛn]
vingt-deux	**dvacet dva**	[dvaʦɛt dva]
vingt-trois	**dvacet tři**	[dvaʦɛt trʃɪ]
trente	**třicet**	[trʃɪʦɛt]
trente et un	**třicet jeden**	[trʃɪʦɛt jɛdɛn]
trente-deux	**třicet dva**	[trʃɪʦɛt dva]
trente-trois	**třicet tři**	[trʃɪʦɛt trʃɪ]
quarante	**čtyřicet**	[ʧtɪrʒɪʦɛt]
quarante et un	**čtyřicet jeden**	[ʧtɪrʒɪʦɛt jɛdɛn]
quarante-deux	**čtyřicet dva**	[ʧtɪrʒɪʦɛt dva]
quarante-trois	**čtyřicet tři**	[ʧtɪrʒɪʦɛt trʃɪ]
cinquante	**padesát**	[padesa:t
cinquante et un	**padesát jeden**	[padesa:t jɛdɛn]
cinquante-deux	**padesát dva**	[padesa:t dva]
cinquante-trois	**padesát tři**	[padesa:t trʃɪ]
soixante	**šedesát**	[ʃɛdɛsa:t

soixante et un	šedesát jeden	[ʃɛdɛsaːt jɛdɛn]
soixante-deux	šedesát dva	[ʃɛdɛsaːt dva]
soixante-trois	šedesát tři	[ʃɛdɛsaːt trʃɪ]
soixante-dix	sedmdesát	[sɛdmdɛsaːt
soixante et onze	sedmdesát jeden	[sɛdmdɛsaːt jɛdɛn]
soixante-douze	sedmdesát dva	[sɛdmdɛsaːt dva]
soixante-treize	sedmdesát tři	[sɛdmdɛsaːt trʃɪ]
quatre-vingts	osmdesát	[osmdɛsaːt
quatre-vingt et un	osmdesát jeden	[osmdɛsaːt jɛdɛn]
quatre-vingt deux	osmdesát dva	[osmdɛsaːt dva]
quatre-vingt trois	osmdesát tři	[osmdɛsaːt trʃɪ]
quatre-vingt-dix	devadesát	[dɛvadɛsaːt
quatre-vingt et onze	devadesát jeden	[dɛvadɛsaːt jɛdɛn]
quatre-vingt-douze	devadesát dva	[dɛvadɛsaːt dva]
quatre-vingt-treize	devadesát tři	[dɛvadɛsaːt trʃɪ]

8. Les nombres cardinaux. Partie 2

cent	sto	[sto]
deux cents	dvě stě	[dve ste]
trois cents	tři sta	[trʃɪ sta]
quatre cents	čtyři sta	[ʧtɪrʒɪ sta]
cinq cents	pět set	[pet sɛt]
six cents	šest set	[ʃɛst sɛt]
sept cents	sedm set	[sɛdm sɛt]
huit cents	osm set	[osm sɛt]
neuf cents	devět set	[dɛvet sɛt]
mille	tisíc (m)	[tɪsiːʦ]
deux mille	dva tisíce	[dva tɪsiːʦɛ]
trois mille	tři tisíce	[trʃɪ tɪsiːʦɛ]
dix mille	deset tisíc	[dɛsɛt tɪsiːʦ]
cent mille	sto tisíc	[sto tɪsiːʦ]
million (m)	milión (m)	[mɪlɪoːn]
milliard (m)	miliarda (ž)	[mɪlɪarda]

9. Les nombres ordinaux

premier (adj)	první	[prvniː]
deuxième (adj)	druhý	[druhiː]
troisième (adj)	třetí	[trʃɛtiː]
quatrième (adj)	čtvrtý	[ʧtvrtiː]
cinquième (adj)	pátý	[paːtiː]
sixième (adj)	šestý	[ʃɛstiː]

septième (adj)	sedmý	[sɛdmi:]
huitième (adj)	osmý	[osmi:]
neuvième (adj)	devátý	[dɛva:ti:]
dixième (adj)	desátý	[dɛsa:ti:]

T&P BOOKS

LES COULEURS.
LES UNITÉS DE MESURE

T&P Books Publishing

10. Les couleurs

couleur (f)	**barva** (ž)	[barva]
teinte (f)	**odstín** (m)	[otsti:n]
ton (m)	**tón** (m)	[to:n]
arc-en-ciel (m)	**duha** (ž)	[duha]

blanc (adj)	**bílý**	[bi:li:]
noir (adj)	**černý**	[ʧɛrni:]
gris (adj)	**šedý**	[ʃɛdi:]

vert (adj)	**zelený**	[zɛlɛni:]
jaune (adj)	**žlutý**	[ʒluti:]
rouge (adj)	**červený**	[ʧɛrvɛni:]
bleu (adj)	**modrý**	[modri:]
bleu clair (adj)	**bledě modrý**	[blɛde modri:]
rose (adj)	**růžový**	[ru:ʒovi:]
orange (adj)	**oranžový**	[oranʒovi:]
violet (adj)	**fialový**	[fɪalovi:]
brun (adj)	**hnědý**	[hnedi:]

d'or (adj)	**zlatý**	[zlati:]
argenté (adj)	**stříbřitý**	[strʃi:brʒɪti:]
beige (adj)	**béžový**	[bɛ:ʒovi:]
crème (adj)	**krémový**	[krɛ:movi:]
turquoise (adj)	**tyrkysový**	[tɪrkɪsovi:]
rouge cerise (adj)	**višňový**	[vɪʃnʲovi:]
lilas (adj)	**lila**	[lɪla]
framboise (adj)	**malinový**	[malɪnovi:]

clair (adj)	**světlý**	[svetli:]
foncé (adj)	**tmavý**	[tmavi:]
vif (adj)	**jasný**	[jasni:]

de couleur (adj)	**barevný**	[barɛvni:]
en couleurs (adj)	**barevný**	[barɛvni:]
noir et blanc (adj)	**černobílý**	[ʧɛrnobi:li:]
unicolore (adj)	**jednobarevný**	[jɛdnobarɛvni:]
multicolore (adj)	**různobarevný**	[ru:znobarɛvni:]

11. Les unités de mesure

poids (m)	**váha** (ž)	[va:ha]
longueur (f)	**délka** (ž)	[dɛ:lka]

largeur (f)	**šířka** (ž)	[ʃiːrʃka]
hauteur (f)	**výška** (ž)	[viːʃka]
profondeur (f)	**hloubka** (ž)	[hloupka]
volume (m)	**objem** (m)	[objɛm]
aire (f)	**plocha** (ž)	[ploxa]
gramme (m)	**gram** (m)	[gram]
milligramme (m)	**miligram** (m)	[mɪlɪgram]
kilogramme (m)	**kilogram** (m)	[kɪlogram]
tonne (f)	**tuna** (ž)	[tuna]
livre (f)	**libra** (ž)	[lɪbra]
once (f)	**unce** (ž)	[untsɛ]
mètre (m)	**metr** (m)	[mɛtr]
millimètre (m)	**milimetr** (m)	[mɪlɪmɛtr]
centimètre (m)	**centimetr** (m)	[tsɛntɪmɛtr]
kilomètre (m)	**kilometr** (m)	[kɪlomɛtr]
mille (m)	**míle** (ž)	[miːlɛ]
pouce (m)	**coul** (m)	[tsoul]
pied (m)	**stopa** (ž)	[stopa]
yard (m)	**yard** (m)	[jart]
mètre (m) carré	**čtvereční metr** (m)	[tʃtvɛrɛtʃniː mɛtr]
hectare (m)	**hektar** (m)	[hɛktar]
litre (m)	**litr** (m)	[lɪtr]
degré (m)	**stupeň** (m)	[stupɛnʲ]
volt (m)	**volt** (m)	[volt]
ampère (m)	**ampér** (m)	[ampɛːr]
cheval-vapeur (m)	**koňská síla** (ž)	[konʲska: siːla]
quantité (f)	**množství** (s)	[mnoʒstviː]
un peu de …	**trochu …**	[troxu]
moitié (f)	**polovina** (ž)	[polovɪna]
douzaine (f)	**tucet** (m)	[tutsɛt]
pièce (f)	**kus** (m)	[kus]
dimension (f)	**rozměr** (m)	[rozmner]
échelle (f) (de la carte)	**měřítko** (s)	[mnerʒiːtko]
minimal (adj)	**minimální**	[mɪnɪmaːlniː]
le plus petit (adj)	**nejmenší**	[nɛjmɛnʃiː]
moyen (adj)	**střední**	[strʃɛdniː]
maximal (adj)	**maximální**	[maksɪmaːlniː]
le plus grand (adj)	**největší**	[nɛjvetʃiː]

12. Les récipients

bocal (m) en verre	**sklenice** (ž)	[sklɛnɪtsɛ]
boîte, canette (f)	**plechovka** (ž)	[plɛxofka]

seau (m)	**vědro** (s)	[vedro]
tonneau (m)	**sud** (m)	[sut]
bassine, cuvette (f)	**mísa** (ž)	[mi:sa]
cuve (f)	**nádrž** (ž)	[na:drʃ]
flasque (f)	**plochá láhev** (ž)	[ploxa: la:gɛf]
jerrican (m)	**kanystr** (m)	[kanɪstr]
citerne (f)	**cisterna** (ž)	[tsɪstɛrna]
tasse (f), mug (m)	**hrníček** (m)	[hrni:tʃɛk]
tasse (f)	**šálek** (m)	[ʃa:lɛk]
soucoupe (f)	**talířek** (m)	[tali:rʒɛk]
verre (m) (~ d'eau)	**sklenice** (ž)	[sklɛnɪtsɛ]
verre (m) à vin	**sklenka** (ž)	[sklɛŋka]
faitout (m)	**hrnec** (m)	[hrnɛts]
bouteille (f)	**láhev** (ž)	[la:hɛf]
goulot (m)	**hrdlo** (s)	[hrdlo]
carafe (f)	**karafa** (ž)	[karafa]
pichet (m)	**džbán** (m)	[dʒba:n]
récipient (m)	**nádoba** (ž)	[na:doba]
pot (m)	**hrnec** (m)	[hrnɛts]
vase (m)	**váza** (ž)	[va:za]
flacon (m)	**flakón** (m)	[flako:n]
fiole (f)	**lahvička** (ž)	[lahvɪtʃka]
tube (m)	**tuba** (ž)	[tuba]
sac (m) (grand ~)	**pytel** (m)	[pɪtɛl]
sac (m) (~ en plastique)	**sáček** (m)	[sa:tʃɛk]
paquet (m) (~ de cigarettes)	**balíček** (m)	[bali:tʃɛk]
boîte (f)	**krabice** (ž)	[krabɪtsɛ]
caisse (f)	**schránka** (ž)	[sxra:ŋka]
panier (m)	**koš** (m)	[koʃ]

LES VERBES
LES PLUS IMPORTANTS

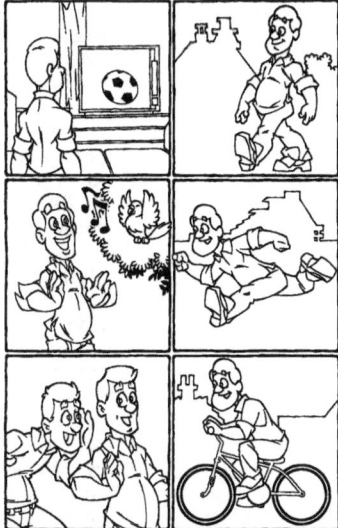

T&P Books Publishing

aider (vt)	pomáhat	[pomaːhat]
aimer (qn)	milovat	[mɪlovat]
aller (à pied)	jít	[jiːt]
apercevoir (vt)	všímat si	[vʃiːmat sɪ]
appartenir à …	patřit	[patrʃɪt]
appeler (au secours)	volat	[volat]
attendre (vt)	čekat	[tʃɛkat]
attraper (vt)	chytat	[xɪtat]
avertir (vt)	upozorňovat	[upozorⁿʲovat]
avoir (vt)	mít	[miːt]
avoir confiance	důvěřovat	[duːverʒovat]
avoir faim	mít hlad	[miːt hlat]
avoir peur	bát se	[baːt sɛ]
avoir soif	mít žízeň	[miːt ʒiːzɛnʲ]
cacher (vt)	schovávat	[sxovaːvat]
casser (briser)	lámat	[laːmat]
cesser (vt)	zastavovat	[zastavovat]
changer (vt)	změnit	[zmnenɪt]
chasser (animaux)	lovit	[lovɪt]
chercher (vt)	hledat	[hlɛdat]
choisir (vt)	vybírat	[vɪbiːrat]
commander (~ le menu)	objednávat	[objɛdnaːvat]
commencer (vt)	začínat	[zatʃiːnat]
comparer (vt)	porovnávat	[porovnaːvat]
comprendre (vt)	rozumět	[rozumnet]
compter (dénombrer)	počítat	[potʃiːtat]
compter sur …	spoléhat na …	[spolɛːhat na]
confondre (vt)	plést	[plɛːst]
connaître (qn)	znát	[znaːt]
conseiller (vt)	radit	[radɪt]
continuer (vt)	pokračovat	[pokratʃovat]
contrôler (vt)	kontrolovat	[kontrolovat]
courir (vi)	běžet	[beʒet]
coûter (vt)	stát	[staːt]
créer (vt)	vytvořit	[vɪtvorʒɪt]
creuser (vt)	rýt	[riːt]
crier (vi)	křičet	[krʃɪtʃɛt]

14. Les verbes les plus importants. Partie 2

décorer (~ la maison)	zdobit	[zdobɪt]
défendre (vt)	bránit	[bra:nɪt]
déjeuner (vi)	obědvat	[obedvat]
demander (~ l'heure)	ptát se	[pta:t sɛ]
demander (de faire qch)	prosit	[prosɪt]
descendre (vi)	jít dolů	[ji:t dolu:]
deviner (vt)	rozluštit	[rozluʃtɪt]
dîner (vi)	večeřet	[vɛtʃɛrʒɛt]
dire (vt)	říci	[rʒi:tsɪ]
diriger (~ une usine)	řídit	[rʒi:dɪt]
discuter (vt)	projednávat	[projɛdna:vat]
donner (vt)	dávat	[da:vat]
donner un indice	narážet	[nara:ʒet]
douter (vt)	pochybovat	[poxɪbovat]
écrire (vt)	psát	[psa:t]
entendre (bruit, etc.)	slyšet	[slɪʃɛt]
entrer (vi)	vcházet	[vxa:zet]
envoyer (vt)	odesílat	[odɛsi:lat]
espérer (vi)	doufat	[doufat]
essayer (vt)	zkoušet	[skouʃɛt]
être (vi)	být	[bi:t]
être d'accord	souhlasit	[souhlasɪt]
être nécessaire	být potřebný	[bi:t potrʃɛbni:]
être pressé	spěchat	[spexat]
étudier (vt)	studovat	[studovat]
exiger (vt)	žádat	[ʒa:dat]
exister (vi)	existovat	[ɛgzɪstovat]
expliquer (vt)	vysvětlovat	[vɪsvetlovat]
faire (vt)	dělat	[delat]
faire tomber	pouštět	[pouʃtet]
finir (vt)	končit	[kontʃɪt]
garder (conserver)	zachovávat	[zaxova:vat]
gronder, réprimander (vt)	nadávat	[nada:vat]
informer (vt)	informovat	[ɪnformovat]
insister (vi)	trvat	[trvat]
insulter (vt)	urážet	[ura:ʒet]
inviter (vt)	zvát	[zva:t]
jouer (s'amuser)	hrát	[hra:t]

15. Les verbes les plus importants. Partie 3

libérer (ville, etc.)	osvobozovat	[osvobozovat]
lire (vi, vt)	číst	[tʃiːst]
louer (prendre en location)	pronajímat si	[pronajiːmat sɪ]
manquer (l'école)	zameškávat	[zameʃkaːvat]
menacer (vt)	vyhrožovat	[vɪhroʒovat]
mentionner (vt)	zmiňovat se	[zmɪɲovat sɛ]
montrer (vt)	ukazovat	[ukazovat]
nager (vi)	plavat	[plavat]
objecter (vt)	namítat	[namiːtat]
observer (vt)	pozorovat	[pozorovat]
ordonner (mil.)	rozkazovat	[roskazovat]
oublier (vt)	zapomínat	[zapomiːnat]
ouvrir (vt)	otvírat	[otviːrat]
pardonner (vt)	odpouštět	[otpouʃtet]
parler (vi, vt)	mluvit	[mluvɪt]
participer à …	zúčastnit se	[zuːtʃastnɪt sɛ]
payer (régler)	platit	[platɪt]
penser (vi, vt)	myslit	[mɪslɪt]
permettre (vt)	dovolovat	[dovolovat]
plaire (être apprécié)	líbit se	[liːbɪt sɛ]
plaisanter (vi)	žertovat	[ʒertovat]
planifier (vt)	plánovat	[plaːnovat]
pleurer (vi)	plakat	[plakat]
posséder (vt)	vlastnit	[vlastnɪt]
pouvoir (v aux)	moci	[motsɪ]
préférer (vt)	dávat přednost	[daːvat prʃɛdnost]
prendre (vt)	brát	[braːt]
prendre en note	zapisovat si	[zapɪsovat sɪ]
prendre le petit déjeuner	snídat	[sniːdat]
préparer (le dîner)	vařit	[varʒɪt]
prévoir (vt)	předvídat	[prʃɛdviːdat]
prier (~ Dieu)	modlit se	[modlɪt sɛ]
promettre (vt)	slibovat	[slɪbovat]
prononcer (vt)	vyslovovat	[vɪslovovat]
proposer (vt)	nabízet	[nabiːzɛt]
punir (vt)	trestat	[trɛstat]

16. Les verbes les plus importants. Partie 4

recommander (vt)	doporučovat	[doporutʃovat]
regretter (vt)	litovat	[lɪtovat]

répéter (dire encore)	opakovat	[opakovat]
répondre (vi, vt)	odpovídat	[otpovi:dat]
réserver (une chambre)	rezervovat	[rɛzɛrvovat]

rester silencieux	mlčet	[mlʧɛt]
réunir (regrouper)	sjednocovat	[sjɛdnoʦovat]
rire (vi)	smát se	[sma:t sɛ]
s'arrêter (vp)	zastavovat se	[zastavovat sɛ]
s'asseoir (vp)	sednout si	[sɛdnout sɪ]

sauver (la vie à qn)	zachraňovat	[zaxranʲovat]
savoir (qch)	vědět	[vedet]
se baigner (vp)	koupat se	[koupat sɛ]
se plaindre (vp)	stěžovat si	[steʒovat sɪ]
se refuser (vp)	odmítat	[odmi:tat]

se tromper (vp)	mýlit se	[mi:lɪt sɛ]
se vanter (vp)	vychloubat se	[vɪxloubat sɛ]
s'étonner (vp)	divit se	[dɪvɪt sɛ]
s'excuser (vp)	omlouvat se	[omlouvat sɛ]
signer (vt)	podepisovat	[podɛpɪsovat]

signifier (vt)	znamenat	[znamɛnat]
s'intéresser (vp)	zajímat se	[zaji:mat sɛ]
sortir (aller dehors)	vycházet	[vɪxa:zɛt]
sourire (vi)	usmívat se	[usmi:vat sɛ]
sous-estimer (vt)	podceňovat	[podʦɛnʲovat]

suivre ... (suivez-moi)	následovat	[na:slɛdovat]
tirer (vi)	střílet	[strʃi:lɛt]
tomber (vi)	padat	[padat]
toucher (avec les mains)	dotýkat se	[doti:kat sɛ]
tourner (~ à gauche)	zatáčet	[zata:ʧɛt]

traduire (vt)	překládat	[prʃɛkla:dat]
travailler (vi)	pracovat	[praʦovat]
tromper (vt)	podvádět	[podva:det]
trouver (vt)	nacházet	[naxa:zɛt]
tuer (vt)	zabíjet	[zabi:jɛt]
vendre (vt)	prodávat	[proda:vat]

venir (vi)	přijíždět	[prʃɪji:ʒdet]
voir (vt)	vidět	[vɪdet]
voler (avion, oiseau)	letět	[lɛtet]
voler (qch à qn)	krást	[kra:st]
vouloir (vt)	chtít	[xti:t]

LA NOTION DE TEMPS. LE CALENDRIER

17. Les jours de la semaine
18. Les heures. Le jour et la nuit
19. Les mois. Les saisons

T&P Books Publishing

17. Les jours de la semaine

lundi (m)	**pondělí** (s)	[pondeli:]
mardi (m)	**úterý** (s)	[u:tɛri:]
mercredi (m)	**středa** (ž)	[strʃɛda]
jeudi (m)	**čtvrtek** (m)	[tʃtvrtɛk]
vendredi (m)	**pátek** (m)	[pa:tɛk]
samedi (m)	**sobota** (ž)	[sobota]
dimanche (m)	**neděle** (ž)	[nɛdelɛ]

aujourd'hui (adv)	**dnes**	[dnɛs]
demain (adv)	**zítra**	[zi:tra]
après-demain (adv)	**pozítří**	[pozi:trʃi:]
hier (adv)	**včera**	[vtʃɛra]
avant-hier (adv)	**předevčírem**	[prʃɛdɛvtʃi:rɛm]

jour (m)	**den** (m)	[dɛn]
jour (m) ouvrable	**pracovní den** (m)	[pratsovni: dɛn]
jour (m) férié	**sváteční den** (m)	[sva:tɛtʃni: dɛn]
jour (m) de repos	**volno** (s)	[volno]
week-end (m)	**víkend** (m)	[vi:kɛnt]

toute la journée	**celý den**	[tsɛli: dɛn]
le lendemain	**příští den**	[prʃi:ʃti: dɛn]
il y a 2 jours	**před dvěma dny**	[prʃɛd dvema dnɪ]
la veille	**den předtím**	[dɛn prʃɛdti:m]
quotidien (adj)	**denní**	[dɛnni:]
tous les jours	**denně**	[dɛnne]

semaine (f)	**týden** (m)	[ti:dɛn]
la semaine dernière	**minulý týden**	[mɪnuli: ti:dɛn]
la semaine prochaine	**příští týden**	[prʃi:ʃti: ti:dɛn]
hebdomadaire (adj)	**týdenní**	[ti:dɛnni:]
chaque semaine	**týdně**	[ti:dne]
2 fois par semaine	**dvakrát týdně**	[dvakra:t ti:dne]
tous les mardis	**každé úterý**	[kaʒdɛ: u:tɛri:]

18. Les heures. Le jour et la nuit

matin (m)	**ráno** (s)	[ra:no]
le matin	**ráno**	[ra:no]
midi (m)	**poledne** (s)	[polɛdnɛ]
dans l'après-midi	**odpoledne**	[otpolɛdnɛ]
soir (m)	**večer** (m)	[vɛtʃɛr]

le soir	**večer**	[vɛtʃɛr]
nuit (f)	**noc** (ž)	[nots]
la nuit	**v noci**	[v notsɪ]
minuit (f)	**půlnoc** (ž)	[puːlnots]

seconde (f)	**sekunda** (ž)	[sɛkunda]
minute (f)	**minuta** (ž)	[mɪnuta]
heure (f)	**hodina** (ž)	[hodɪna]
demi-heure (f)	**půlhodina** (ž)	[puːlhodɪna]
un quart d'heure	**čtvrthodina** (ž)	[tʃtvrthodɪna]
quinze minutes	**patnáct minut**	[patnaːtst mɪnut]
vingt-quatre heures	**den a noc**	[dɛn a nots]

lever (m) du soleil	**východ** (m) **slunce**	[viːxod sluntsɛ]
aube (f)	**úsvit** (m)	[uːsvɪt]
point (m) du jour	**časné ráno** (s)	[tʃasnɛː raːno]
coucher (m) du soleil	**západ** (m) **slunce**	[zaːpat sluntsɛ]

tôt le matin	**brzy ráno**	[brzɪ raːno]
ce matin	**dnes ráno**	[dnɛs raːno]
demain matin	**zítra ráno**	[ziːtra raːno]

cet après-midi	**dnes odpoledne**	[dnɛs otpolɛdnɛ]
dans l'après-midi	**odpoledne**	[otpolɛdnɛ]
demain après-midi	**zítra odpoledne**	[ziːtra otpolɛdnɛ]

| ce soir | **dnes večer** | [dnɛs vɛtʃɛr] |
| demain soir | **zítra večer** | [ziːtra vɛtʃɛr] |

à 3 heures précises	**přesně ve tři hodiny**	[prʃɛsne vɛ trʃɪ hodɪnɪ]
autour de 4 heures	**kolem čtyř hodin**	[kolɛm tʃtɪrʒ hodɪn]
vers midi	**do dvanácti hodin**	[do dvanaːtstɪ hodɪn]

dans 20 minutes	**za dvacet minut**	[za dvatsɛt mɪnut]
dans une heure	**za hodinu**	[za hodɪnu]
à temps	**včas**	[vtʃas]

... moins le quart	**tři čtvrtě**	[trʃɪ tʃtvrte]
en une heure	**během hodiny**	[behɛm hodɪnɪ]
tous les quarts d'heure	**každých patnáct minut**	[kaʒdiːx patnaːtst mɪnut]
24 heures sur 24	**celodenně**	[tsɛlodɛnne]

19. Les mois. Les saisons

janvier (m)	**leden** (m)	[lɛdɛn]
février (m)	**únor** (m)	[uːnor]
mars (m)	**březen** (m)	[brʒɛzɛn]
avril (m)	**duben** (m)	[dubɛn]
mai (m)	**květen** (m)	[kvetɛn]
juin (m)	**červen** (m)	[tʃɛrvɛn]

juillet (m)	**červenec** (m)	[ʧɛrvɛnɛʦ]
août (m)	**srpen** (m)	[srpɛn]
septembre (m)	**září** (s)	[za:rʒi:]
octobre (m)	**říjen** (m)	[rʒi:jɛn]
novembre (m)	**listopad** (m)	[lɪstopat]
décembre (m)	**prosinec** (m)	[prosɪnɛʦ]
printemps (m)	**jaro** (s)	[jaro]
au printemps	**na jaře**	[na jarʒɛ]
de printemps (adj)	**jarní**	[jarni:]
été (m)	**léto** (s)	[lɛ:to]
en été	**v létě**	[v lɛ:te]
d'été (adj)	**letní**	[lɛtni:]
automne (m)	**podzim** (m)	[podzɪm]
en automne	**na podzim**	[na podzɪm]
d'automne (adj)	**podzimní**	[podzɪmni:]
hiver (m)	**zima** (ž)	[zɪma]
en hiver	**v zimě**	[v zɪmne]
d'hiver (adj)	**zimní**	[zɪmni:]
mois (m)	**měsíc** (m)	[mnesi:ʦ]
ce mois	**tento měsíc**	[tɛnto mnesi:ʦ]
le mois prochain	**příští měsíc**	[prʃi:ʃti: mnesi:ʦ]
le mois dernier	**minulý měsíc**	[mɪnuli: mnesi:ʦ]
il y a un mois	**před měsícem**	[prʃɛd mnesi:ʦɛm]
dans un mois	**za měsíc**	[za mnesi:ʦ]
dans 2 mois	**za dva měsíce**	[za dva mnesi:ʦɛ]
tout le mois	**celý měsíc**	[ʦɛli: mnesi:ʦ]
tout un mois	**celý měsíc**	[ʦɛli: mnesi:ʦ]
mensuel (adj)	**měsíční**	[mnesi:ʧni:]
mensuellement	**každý měsíc**	[kaʒdi: mnesi:ʦ]
chaque mois	**měsíčně**	[mnesi:ʧne]
2 fois par mois	**dvakrát měsíčně**	[dvakra:t mnesi:ʧne]
année (f)	**rok** (m)	[rok]
cette année	**letos**	[lɛtos]
l'année prochaine	**příští rok**	[prʃi:ʃti: rok]
l'année dernière	**vloni**	[vlonɪ]
il y a un an	**před rokem**	[prʃɛd rokɛm]
dans un an	**za rok**	[za rok]
dans 2 ans	**za dva roky**	[za dva rokɪ]
toute l'année	**celý rok**	[ʦɛli: rok]
toute une année	**celý rok**	[ʦɛli: rok]
chaque année	**každý rok**	[kaʒdi: rok]
annuel (adj)	**každoroční**	[kaʒdorotʃni:]

| annuellement | každoročně | [kaʒdorotʃne] |
| 4 fois par an | čtyřikrát za rok | [tʃtɪrʒɪkraːt za rok] |

date (f) (jour du mois)	datum (s)	[datum]
date (f) (~ mémorable)	datum (s)	[datum]
calendrier (m)	kalendář (m)	[kalɛndaːrʃ]

six mois	půl roku	[puːl roku]
semestre (m)	půlrok (m)	[puːlrok]
saison (f)	období (s)	[obdobiː]
siècle (m)	století (s)	[stolɛtiː]

T&P BOOKS

LES VOYAGES. L'HÔTEL

USD CAD
EUR CHF
JPY HKD
GBP CNY

RECEPTION

T&P Books Publishing

tourisme (m)	turistika (ž)	[turɪstɪka]
touriste (m)	turista (m)	[turɪsta]
voyage (m) (à l'étranger)	cestování (s)	[tsɛstova:ni:]
aventure (f)	příhoda (ž)	[prʃi:hoda]
voyage (m)	cesta (ž)	[tsɛsta]
vacances (f pl)	dovolená (ž)	[dovolɛna:]
être en vacances	mít dovolenou	[mi:t dovolɛnou]
repos (m) (jours de ~)	odpočinek (m)	[otpotʃɪnɛk]
train (m)	vlak (m)	[vlak]
en train	vlakem	[vlakɛm]
avion (m)	letadlo (s)	[lɛtadlo]
en avion	letadlem	[lɛtadlɛm]
en voiture	autem	[autɛm]
en bateau	lodí	[lodi:]
bagage (m)	zavazadla (s mn)	[zavazadla]
malle (f)	kufr (m)	[kufr]
chariot (m)	vozík (m) na zavazadla	[vozi:k na zavazadla]
passeport (m)	pas (m)	[pas]
visa (m)	vízum (s)	[vi:zum]
ticket (m)	jízdenka (ž)	[ji:zdɛŋka]
billet (m) d'avion	letenka (ž)	[lɛtɛŋka]
guide (m) (livre)	průvodce (m)	[pru:vodtsɛ]
carte (f)	mapa (ž)	[mapa]
région (f) (~ rurale)	krajina (ž)	[krajɪna]
endroit (m)	místo (s)	[mi:sto]
exotisme (m)	exotika (ž)	[ɛgzotɪka]
exotique (adj)	exotický	[ɛgzotɪtski:]
étonnant (adj)	podivuhodný	[podɪvuhodni:]
groupe (m)	skupina (ž)	[skupɪna]
excursion (f)	výlet (m)	[vi:lɛt]
guide (m) (personne)	průvodce (m)	[pru:vodtsɛ]

21. L'hôtel

hôtel (m)	hotel (m)	[hotɛl]
motel (m)	motel (m)	[motɛl]

3 étoiles	**tři hvězdy**	[trʃɪ hvezdɪ]
5 étoiles	**pět hvězd**	[pet hvezt]
descendre (à l'hôtel)	**ubytovat se**	[ubɪtovat sɛ]

chambre (f)	**pokoj** (m)	[pokoj]
chambre (f) simple	**jednolůžkový pokoj** (m)	[jɛdnolu:ʃkovi: pokoj]
chambre (f) double	**dvoulůžkový pokoj** (m)	[dvoulu:ʃkovi: pokoj]
réserver une chambre	**rezervovat pokoj**	[rɛzɛrvovat pokoj]

demi-pension (f)	**polopenze** (ž)	[polopɛnzɛ]
pension (f) complète	**plná penze** (ž)	[plna: pɛnzɛ]

avec une salle de bain	**s koupelnou**	[s koupɛlnou]
avec une douche	**se sprchou**	[sɛ sprxou]
télévision (f) par satellite	**satelitní televize** (ž)	[satɛlɪtni: tɛlɛvɪzɛ]
climatiseur (m)	**klimatizátor** (m)	[klɪmatɪza:tor]
serviette (f)	**ručník** (m)	[rutʃni:k]
clé (f)	**klíč** (m)	[kli:tʃ]

administrateur (m)	**recepční** (m)	[rɛtsɛptʃni:]
femme (f) de chambre	**pokojská** (ž)	[pokojska:]
porteur (m)	**nosič** (m)	[nosɪtʃ]
portier (m)	**vrátný** (m)	[vra:tni:]

restaurant (m)	**restaurace** (ž)	[rɛstauratsɛ]
bar (m)	**bar** (m)	[bar]
petit déjeuner (m)	**snídaně** (ž)	[sni:dane]
dîner (m)	**večeře** (ž)	[vɛtʃɛrʒɛ]
buffet (m)	**obložený stůl** (m)	[oblɔʒeni: stu:l]

hall (m)	**vstupní hala** (ž)	[vstupni: hala]
ascenseur (m)	**výtah** (m)	[vi:tax]

PRIÈRE DE NE PAS DÉRANGER	**NERUŠIT**	[nɛruʃɪt]
DÉFENSE DE FUMER	**ZÁKAZ KOUŘENÍ**	[za:kaz kourʒeni:]

22. Le tourisme

monument (m)	**památka** (ž)	[pama:tka]
forteresse (f)	**pevnost** (ž)	[pɛvnost]
palais (m)	**palác** (m)	[pala:ts]
château (m)	**zámek** (m)	[za:mɛk]
tour (f)	**věž** (ž)	[veʃ]
mausolée (m)	**mauzoleum** (s)	[mauzolɛum]

architecture (f)	**architektura** (ž)	[arxɪtɛktura]
médiéval (adj)	**středověký**	[strʃɛdoveki:]
ancien (adj)	**starobylý**	[starobɪli:]
national (adj)	**národní**	[na:rodni:]

connu (adj)	**známý**	[zna:mi:]
touriste (m)	**turista** (m)	[turɪsta]
guide (m) (personne)	**průvodce** (m)	[pru:vodtsɛ]
excursion (f)	**výlet** (m)	[vi:lɛt]
montrer (vt)	**ukazovat**	[ukazovat]
raconter (une histoire)	**povídat**	[povi:dat]
trouver (vt)	**najít**	[naji:t]
se perdre (vp)	**ztratit se**	[stratɪtsɛ]
plan (m) (du metro, etc.)	**plán** (m)	[pla:n]
carte (f) (de la ville, etc.)	**plán** (m)	[pla:n]
souvenir (m)	**suvenýr** (m)	[suvɛni:r]
boutique (f) de souvenirs	**prodejna** (ž) **suvenýrů**	[prodɛjna suvɛni:ru:]
prendre en photo	**fotografovat**	[fotografovat]
se faire prendre en photo	**fotografovat se**	[fotografovat sɛ]

T&P BOOKS

LES TRANSPORTS

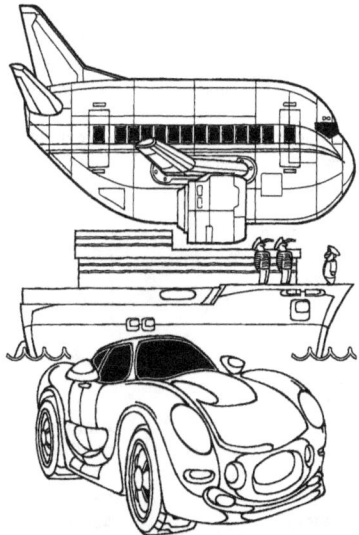

T&P Books Publishing

aéroport (m)	letiště (s)	[lɛtɪʃte]
avion (m)	letadlo (s)	[lɛtadlo]
compagnie (f) aérienne	letecká společnost (ž)	[lɛtɛtska: spolɛtʃnost]
contrôleur (m) aérien	dispečer (m)	[dɪspɛtʃɛr]
départ (m)	odlet (m)	[odlɛt]
arrivée (f)	přílet (m)	[prʃi:lɛt]
arriver (par avion)	přiletět	[prʃɪlɛtet]
temps (m) de départ	čas (m) odletu	[tʃas odlɛtu]
temps (m) d'arrivée	čas (m) příletu	[tʃas prʃɪlɛtu]
être retardé	mít zpoždění	[mi:t spoʒdɛni:]
retard (m) de l'avion	zpoždění (s) odletu	[spoʒdeni: odlɛtu]
tableau (m) d'informations	informační tabule (ž)	[ɪnformatʃni: tabulɛ]
information (f)	informace (ž)	[ɪnformatsɛ]
annoncer (vt)	hlásit	[hla:sɪt]
vol (m)	let (m)	[lɛt]
douane (f)	celnice (ž)	[tsɛlnɪtsɛ]
douanier (m)	celník (m)	[tsɛlni:k]
déclaration (f) de douane	prohlášení (s)	[prohla:ʃɛni:]
remplir la déclaration	vyplnit prohlášení	[vɪplnɪt prohla:ʃɛni:]
contrôle (m) de passeport	pasová kontrola (ž)	[pasova: kontrola]
bagage (m)	zavazadla (s mn)	[zavazadla]
bagage (m) à main	příruční zavazadlo (s)	[prʃi:rutʃni: zavazadlo]
chariot (m)	vozík (m) na zavazadla	[vozi:k na zavazadla]
atterrissage (m)	přistání (s)	[prʃɪsta:ni:]
piste (f) d'atterrissage	přistávací dráha (ž)	[prʃɪsta:vatsi: dra:ha]
atterrir (vi)	přistávat	[prʃɪsta:vat]
escalier (m) d'avion	pojízdné schůdky (m mn)	[poji:zdnɛ: sxu:tkɪ]
enregistrement (m)	registrace (ž)	[rɛgɪstratsɛ]
comptoir (m) d'enregistrement	přepážka (ž) registrace	[prʃɛpa:ʃka rɛgɪstratsɛ]
s'enregistrer (vp)	zaregistrovat se	[zarɛgɪstrovat sɛ]
carte (f) d'embarquement	palubní lístek (m)	[palubni: li:stɛk]
porte (f) d'embarquement	příchod (m) k nástupu	[prʃi:xot k na:stupu]
transit (m)	tranzit (m)	[tranzɪt]
attendre (vt)	čekat	[tʃɛkat]

salle (f) d'attente	čekárna (ž)	[t͡ʃɛkaːrna]
raccompagner (à l'aéroport, etc.)	doprovázet	[doprovaːzɛt]
dire au revoir	loučit se	[loutʃɪt sɛ]

24. L'avion

avion (m)	letadlo (s)	[lɛtadlo]
billet (m) d'avion	letenka (ž)	[lɛtɛŋka]
compagnie (f) aérienne	letecká společnost (ž)	[lɛtɛt͡ska: spolɛt͡ʃnost]
aéroport (m)	letiště (s)	[lɛtɪʃtɛ]
supersonique (adj)	nadzvukový	[nadzvukoviː]

commandant (m) de bord	velitel (m) posádky	[vɛlɪtɛl posaːtkɪ]
équipage (m)	posádka (ž)	[posaːtka]
pilote (m)	pilot (m)	[pɪlot]
hôtesse (f) de l'air	letuška (ž)	[lɛtuʃka]
navigateur (m)	navigátor (m)	[navɪgaːtor]

ailes (f pl)	křídla (s mn)	[krʃiːdla]
queue (f)	ocas (m)	[ot͡sas]
cabine (f)	kabina (ž)	[kabɪna]
moteur (m)	motor (m)	[motor]
train (m) d'atterrissage	podvozek (m)	[podvozɛk]
turbine (f)	turbína (ž)	[turbiːna]

hélice (f)	vrtule (ž)	[vrtulɛ]
boîte (f) noire	černá skříňka (ž)	[t͡ʃɛrna: skrʃiːnʲka]
gouvernail (m)	řídicí páka (ž)	[rʒiːdɪt͡si paːka]
carburant (m)	palivo (s)	[palɪvo]
consigne (f) de sécurité	předpis (m)	[prʃɛtpɪs]
masque (m) à oxygène	kyslíková maska (ž)	[kɪsliːkova maska]
uniforme (m)	uniforma (ž)	[unɪforma]
gilet (m) de sauvetage	záchranná vesta (ž)	[zaːxranna: vɛsta]
parachute (m)	padák (m)	[padaːk]

décollage (m)	start (m) letadla	[start lɛtadla]
décoller (vi)	vzlétat	[vzlɛːtat]
piste (f) de décollage	rozjezdová dráha (ž)	[rozjɛzdova draːha]

visibilité (f)	viditelnost (ž)	[vɪdɪtɛlnost]
vol (m) (~ d'oiseau)	let (m)	[lɛt]
altitude (f)	výška (ž)	[viːʃka]
trou (m) d'air	vzdušná jáma (ž)	[vzduʃna: jama]

place (f)	místo (s)	[miːsto]
écouteurs (m pl)	sluchátka (s mn)	[sluxaːtka]
tablette (f)	odklápěcí stolek (m)	[otkla:pɛt͡si stolɛk]
hublot (m)	okénko (s)	[okɛːŋko]
couloir (m)	chodba (ž)	[xodba]

25. Le train

train (m)	vlak (m)	[vlak]
train (m) de banlieue	elektrický vlak (m)	[ɛlɛktrɪtski: vlak]
TGV (m)	rychlík (m)	[rɪxli:k]
locomotive (f) diesel	motorová lokomotiva (ž)	[motorova: lokomotɪva]
locomotive (f) à vapeur	parní lokomotiva (ž)	[parni: lokomotɪva]
wagon (m)	vůz (m)	[vu:z]
wagon-restaurant (m)	jídelní vůz (m)	[ji:dɛlni: vu:z]
rails (m pl)	koleje (ž mn)	[kolɛjɛ]
chemin (m) de fer	železnice (ž mn)	[ʒelɛznɪtsɛ]
traverse (f)	pražec (m)	[praʒɛts]
quai (m)	nástupiště (s)	[na:stupɪʃte]
voie (f)	kolej (ž)	[kolɛj]
sémaphore (m)	návěstidlo (s)	[na:vestɪdlo]
station (f)	stanice (ž)	[stanɪtsɛ]
conducteur (m) de train	strojvůdce (m)	[strojvu:dtsɛ]
porteur (m)	nosič (m)	[nosɪtʃ]
steward (m)	průvodčí (m)	[pru:vodtʃi:]
passager (m)	cestující (m)	[tsɛstuji:tsi:]
contrôleur (m) de billets	revizor (m)	[rɛvɪzor]
couloir (m)	chodba (ž)	[xodba]
frein (m) d'urgence	záchranná brzda (ž)	[za:xranna: brzda]
compartiment (m)	oddělení (s)	[oddelɛni:]
couchette (f)	lůžko (s)	[lu:ʃko]
couchette (f) d'en haut	horní lůžko (s)	[horni: lu:ʃko]
couchette (f) d'en bas	dolní lůžko (s)	[dolni: lu:ʃko]
linge (m) de lit	lůžkoviny (ž mn)	[lu:ʃkovɪnɪ]
ticket (m)	jízdenka (ž)	[ji:zdɛŋka]
horaire (m)	jízdní řád (m)	[ji:zdni: rʒa:t]
tableau (m) d'informations	tabule (ž)	[tabulɛ]
partir (vi)	odjíždět	[odji:ʒdet]
départ (m) (du train)	odjezd (m)	[odjɛst]
arriver (le train)	přijíždět	[prʃɪji:ʒdet]
arrivée (f)	příjezd (m)	[prʃi:jɛst]
arriver en train	přijet vlakem	[prʃɪɛt vlakɛm]
prendre le train	nastoupit do vlaku	[nastoupɪt do vlaku]
descendre du train	vystoupit z vlaku	[vɪstoupɪt z vlaku]
accident (m) ferroviaire	železniční neštěstí (s)	[ʒelɛznɪtʃni: nɛʃtesti:]
locomotive (f) à vapeur	parní lokomotiva (ž)	[parni: lokomotɪva]
chauffeur (m)	topič (m)	[topɪtʃ]

| chauffe (f) | topeniště (s) | [topɛnɪʃte] |
| charbon (m) | uhlí (s) | [uhli:] |

26. Le bateau

| bateau (m) | loď (ž) | [lotʲ] |
| navire (m) | loď (ž) | [lotʲ] |

bateau (m) à vapeur	parník (m)	[parni:k]
paquebot (m)	říční loď (ž)	[ritʃni lotʲ]
bateau (m) de croisière	linková loď (ž)	[lɪŋkova: lotʲ]
croiseur (m)	křižník (m)	[krʒɪʒni:k]

yacht (m)	jachta (ž)	[jaxta]
remorqueur (m)	vlek (m)	[vlɛk]
péniche (f)	vlečná nákladní loď (ž)	[vlɛtʃna: na:kladni: lotʲ]
ferry (m)	prám (m)	[pra:m]

| voilier (m) | plachetnice (ž) | [plaxɛtnɪtsɛ] |
| brigantin (m) | brigantina (ž) | [brɪganti:na] |

| brise-glace (m) | ledoborec (m) | [lɛdoborɛts] |
| sous-marin (m) | ponorka (ž) | [ponorka] |

canot (m) à rames	loďka (ž)	[lotʲka]
dinghy (m)	člun (m)	[tʃlun]
canot (m) de sauvetage	záchranný člun (m)	[za:xranni: tʃlun]
canot (m) à moteur	motorový člun (m)	[motorovi: tʃlun]

capitaine (m)	kapitán (m)	[kapɪta:n]
matelot (m)	námořník (m)	[na:morʒni:k]
marin (m)	námořník (m)	[na:morʒni:k]
équipage (m)	posádka (ž)	[posa:tka]

maître (m) d'équipage	loďmistr (m)	[lodʲmɪstr]
mousse (m)	plavčík (m)	[plavtʃi:k]
cuisinier (m) du bord	lodní kuchař (m)	[lodni: kuxarʃ]
médecin (m) de bord	lodní lékař (m)	[lodni: lɛ:karʃ]

pont (m)	paluba (ž)	[paluba]
mât (m)	stěžeň (m)	[steʒenʲ]
voile (f)	plachta (ž)	[plaxta]

cale (f)	podpalubí (s)	[potpalubi:]
proue (f)	příď (ž)	[prʃi:tʲ]
poupe (f)	záď (ž)	[za:tʲ]
rame (f)	veslo (s)	[vɛslo]
hélice (f)	lodní šroub (m)	[lodni: ʃroup]
cabine (f)	kajuta (ž)	[kajuta]
carré (m) des officiers	společenská místnost (ž)	[spolɛtʃɛnska: mi:stnost]

salle (f) des machines	strojovna (ž)	[strojovna]
passerelle (f)	kapitánský můstek (m)	[kapɪtaːnski: muːstɛk]
cabine (f) de T.S.F.	rádiová kabina (ž)	[raːdɪova: kabɪna]
onde (f)	vlna (ž)	[vlna]
journal (m) de bord	lodní deník (m)	[lodni: dɛniːk]

longue-vue (f)	dalekohled (m)	[dalɛkohlet]
cloche (f)	zvon (m)	[zvon]
pavillon (m)	vlajka (ž)	[vlajka]

| grosse corde (f) tressée | lano (s) | [lano] |
| nœud (m) marin | uzel (m) | [uzɛl] |

| rampe (f) | zábradlí (s) | [zaːbradli:] |
| passerelle (f) | schůdky (m mn) | [sxuːtkɪ] |

ancre (f)	kotva (ž)	[kotva]
lever l'ancre	zvednout kotvy	[zvɛdnout kotvɪ]
jeter l'ancre	spustit kotvy	[spustɪt kotvɪ]
chaîne (f) d'ancrage	kotevní řetěz (m)	[kotɛvni: rʒɛtez]

port (m)	přístav (m)	[prʃiːstaf]
embarcadère (m)	přístaviště (s)	[prʃiːstavɪʃte]
accoster (vi)	přistávat	[prʃɪstaːvat]
larguer les amarres	vyplouvat	[vɪplouvat]

voyage (m) (à l'étranger)	cestování (s)	[tsɛstovaːniː]
croisière (f)	výletní plavba (ž)	[viːletni: plavba]
cap (m) (suivre un ~)	kurz (m)	[kurs]
itinéraire (m)	trasa (ž)	[trasa]

chenal (m)	plavební dráha (ž)	[plavɛbni: draːha]
bas-fond (m)	mělčina (ž)	[mneltʃɪna]
échouer sur un bas-fond	najet na mělčinu	[najɛt na mneltʃɪnu]

tempête (f)	bouřka (ž)	[bourʃka]
signal (m)	signál (m)	[sɪgnaːl]
sombrer (vi)	potápět se	[potaːpet sɛ]
SOS (m)	SOS	[ɛs oː ɛs]
bouée (f) de sauvetage	záchranný kruh (m)	[zaːxranni: krux]

T&P BOOKS

LA VILLE

T&P Books Publishing

27. Les transports en commun

autobus (m)	autobus (m)	[autobus]
tramway (m)	tramvaj (ž)	[tramvaj]
trolleybus (m)	trolejbus (m)	[trolɛjbus]
itinéraire (m)	trasa (ž)	[trasa]
numéro (m)	číslo (s)	[ʧi:slo]
prendre ...	jet	[jɛt]
monter (dans l'autobus)	nastoupit do ...	[nastoupɪt do]
descendre de ...	vystoupit z ...	[vɪstoupɪt z]
arrêt (m)	zastávka (ž)	[zasta:fka]
arrêt (m) prochain	příští zastávka (ž)	[prʃi:ʃti: zasta:fka]
terminus (m)	konečná stanice (ž)	[konɛʧna: stanɪʦɛ]
horaire (m)	jízdní řád (m)	[ji:zdni: rʒa:t]
attendre (vt)	čekat	[ʧɛkat]
ticket (m)	jízdenka (ž)	[ji:zdɛŋka]
prix (m) du ticket	jízdné (s)	[ji:zdnɛ:]
caissier (m)	pokladník (m)	[pokladni:k]
contrôle (m) des tickets	kontrola (ž)	[kontrola]
contrôleur (m)	revizor (m)	[rɛvɪzor]
être en retard	mít zpoždění	[mi:t spoʒdɛni:]
rater (~ le train)	opozdit se	[opozdɪt sɛ]
se dépêcher	pospíchat	[pospi:xat]
taxi (m)	taxík (m)	[taksi:k]
chauffeur (m) de taxi	taxikář (m)	[taksɪka:rʃ]
en taxi	taxíkem	[taksi:kɛm]
arrêt (m) de taxi	stanoviště (s) taxíků	[stanovɪʃte taksi:ku:]
appeler un taxi	zavolat taxíka	[zavolat taksi:ka]
prendre un taxi	vzít taxíka	[vzi:t taksi:ka]
trafic (m)	uliční provoz (m)	[ulɪʧni: provoz]
embouteillage (m)	zácpa (ž)	[za:ʦpa]
heures (f pl) de pointe	špička (ž)	[ʃpɪʧka]
se garer (vp)	parkovat se	[parkovat sɛ]
garer (vt)	parkovat	[parkovat]
parking (m)	parkoviště (s)	[parkovɪʃte]
métro (m)	metro (s)	[mɛtro]
station (f)	stanice (ž)	[stanɪʦɛ]
prendre le métro	jet metrem	[jɛt mɛtrɛm]

train (m)	vlak (m)	[vlak]
gare (f)	nádraží (s)	[na:draʒi:]

28. La ville. La vie urbaine

ville (f)	město (s)	[mnesto]
capitale (f)	hlavní město (s)	[hlavni: mnesto]
village (m)	venkov (m)	[vɛŋkof]
plan (m) de la ville	plán (m) města	[pla:n mnesta]
centre-ville (m)	střed (m) města	[strʃɛd mnesta]
banlieue (f)	předměstí (s)	[prʃɛdmnesti:]
de banlieue (adj)	předměstský	[prʃɛdmnestski:]
périphérie (f)	okraj (m)	[okraj]
alentours (m pl)	okolí (s)	[okoli:]
quartier (m)	čtvrť (ž)	[ʧtvrtʲ]
quartier (m) résidentiel	obytná čtvrť (ž)	[obɪtna: ʧtvrtʲ]
trafic (m)	provoz (m)	[provoz]
feux (m pl) de circulation	semafor (m)	[sɛmafor]
transport (m) urbain	městská doprava (ž)	[mnestska: doprava]
carrefour (m)	křižovatka (ž)	[krʃɪʒovatka]
passage (m) piéton	přechod (m)	[prʃɛxot]
passage (m) souterrain	podchod (m)	[podxot]
traverser (vt)	přecházet	[prʃɛxa:zɛt]
piéton (m)	chodec (m)	[xodɛʦ]
trottoir (m)	chodník (m)	[xodni:k]
pont (m)	most (m)	[most]
quai (m)	nábřeží (s)	[na:brʒɛʒi:]
fontaine (f)	fontána (ž)	[fonta:na]
allée (f)	alej (ž)	[alɛj]
parc (m)	park (m)	[park]
boulevard (m)	bulvár (m)	[bulva:r]
place (f)	náměstí (s)	[na:mnesti:]
avenue (f)	třída (ž)	[trʃi:da]
rue (f)	ulice (ž)	[ulɪʦɛ]
ruelle (f)	boční ulice (ž)	[boʧni: ulɪʦɛ]
impasse (f)	slepá ulice (ž)	[slɛpa: ulɪʦɛ]
maison (f)	dům (m)	[du:m]
édifice (m)	budova (ž)	[budova]
gratte-ciel (m)	mrakodrap (m)	[mrakodrap]
façade (f)	fasáda (ž)	[fasa:da]
toit (m)	střecha (ž)	[strʃɛxa]
fenêtre (f)	okno (s)	[okno]

arc (m)	oblouk (m)	[oblouk]
colonne (f)	sloup (m)	[sloup]
coin (m)	roh (m)	[rox]

vitrine (f)	výloha (ž)	[vi:loha]
enseigne (f)	vývěsní tabule (ž)	[vi:vesni: tabulɛ]
affiche (f)	plakát (m)	[plaka:t]
affiche (f) publicitaire	reklamní plakát (m)	[rɛklamni: plaka:t]
panneau-réclame (m)	billboard (m)	[bɪlbo:rt]

ordures (f pl)	odpadky (m mn)	[otpatki:]
poubelle (f)	popelnice (ž)	[popɛlnɪtsɛ]
jeter à terre	dělat smetí	[delat smɛti:]
décharge (f)	smetiště (s)	[smɛtɪʃte]

cabine (f) téléphonique	telefonní budka (ž)	[tɛlɛfonni: butka]
réverbère (m)	pouliční svítilna (ž)	[poulɪtʃni: svi:tɪlna]
banc (m)	lavička (ž)	[lavɪtʃka]

policier (m)	policista (m)	[polɪtsɪsta]
police (f)	policie (ž)	[polɪtsɪe]
clochard (m)	žebrák (m)	[ʒebra:k]
sans-abri (m)	bezdomovec (m)	[bɛzdomovɛts]

29. Les institutions urbaines

magasin (m)	obchod (m)	[obxot]
pharmacie (f)	lékárna (ž)	[lɛ:ka:rna]
opticien (m)	oční optika (ž)	[otʃni: optɪka]
centre (m) commercial	obchodní středisko (s)	[obxodni: strʃɛdɪsko]
supermarché (m)	supermarket (m)	[supɛrmarket]

boulangerie (f)	pekařství (s)	[pɛkarʃstvi:]
boulanger (m)	pekař (m)	[pɛkarʃ]
pâtisserie (f)	cukrárna (ž)	[tsukra:rna]
épicerie (f)	smíšené zboží (s)	[smiʃɛnɛ: zboʒi:]
boucherie (f)	řeznictví (s)	[rʒɛznɪtstvi:]

| magasin (m) de légumes | zelinářství (s) | [zɛlɪna:rʃstvi:] |
| marché (m) | tržnice (ž) | [trʒnɪtsɛ] |

salon (m) de café	kavárna (ž)	[kava:rna]
restaurant (m)	restaurace (ž)	[rɛstauratsɛ]
brasserie (f)	pivnice (ž)	[pɪvnɪtsɛ]
pizzeria (f)	pizzerie (ž)	[pɪtsɛrɪe]

| salon (m) de coiffure | holičství (s) a kadeřnictví | [holɪtʃstvi: a kadɛrʒnɪtstvi:] |

| poste (f) | pošta (ž) | [poʃta] |
| pressing (m) | čistírna (ž) | [tʃɪsti:rna] |

atelier (m) de photo	fotografický ateliér (m)	[fotografɪtski: atɛlɪe:r]
magasin (m) de chaussures	obchod (m) s obuví	[obxot s obuvi:]
librairie (f)	knihkupectví (s)	[knɪxkupɛtstvi:]
magasin (m) d'articles de sport	sportovní potřeby (ž mn)	[sportovni: potrʃɛbɪ]

atelier (m) de retouche	opravna (ž) oděvů	[opravna odevu:]
location (f) de vêtements	půjčovna (ž) oděvů	[pu:jtʃovna odevu:]
location (f) de films	půjčovna (ž) filmů	[pu:jtʃovna fɪlmu:]

cirque (m)	cirkus (m)	[tsɪrkus]
zoo (m)	zoologická zahrada (ž)	[zoologɪtska: zahrada]
cinéma (m)	biograf (m)	[bɪograf]
musée (m)	muzeum (s)	[muzɛum]
bibliothèque (f)	knihovna (ž)	[knɪhovna]
théâtre (m)	divadlo (s)	[dɪvadlo]
opéra (m)	opera (ž)	[opɛra]
boîte (f) de nuit	noční klub (m)	[notʃni: klup]
casino (m)	kasino (s)	[kasi:no]

mosquée (f)	mešita (ž)	[mɛʃɪta]
synagogue (f)	synagóga (ž)	[sinago:ga]
cathédrale (f)	katedrála (ž)	[katɛdra:la]
temple (m)	chrám (m)	[xra:m]
église (f)	kostel (m)	[kostɛl]

institut (m)	vysoká škola (ž)	[vɪsoka: ʃkola]
université (f)	univerzita (ž)	[unɪvɛrzɪta]
école (f)	škola (ž)	[ʃkola]

préfecture (f)	prefektura (ž)	[prɛfɛktura]
mairie (f)	magistrát (m)	[magɪstra:t]
hôtel (m)	hotel (m)	[hotɛl]
banque (f)	banka (ž)	[baŋka]

ambassade (f)	velvyslanectví (s)	[vɛlvɪslanɛtstvi:]
agence (f) de voyages	cestovní kancelář (ž)	[tsɛstovni: kantsɛla:rʃ]
bureau (m) d'information	informační kancelář (ž)	[ɪnformatʃni: kantsɛla:rʃ]
bureau (m) de change	směnárna (ž)	[smnena:rna]

métro (m)	metro (s)	[mɛtro]
hôpital (m)	nemocnice (ž)	[nɛmotsnɪtsɛ]

station-service (f)	benzínová stanice (ž)	[bɛnzi:nova: stanɪtsɛ]
parking (m)	parkoviště (s)	[parkovɪʃte]

30. Les enseignes. Les panneaux

enseigne (f)	ukazatel (m) směru	[ukazatɛl smneru]
pancarte (f)	nápis (m)	[na:pɪs]

poster (m)	**plakát** (m)	[plaka:t]
indicateur (m) de direction	**ukazatel** (m)	[ukazatɛl]
flèche (f)	**šípka** (ž)	[ʃi:pka]
avertissement (m)	**varování** (s)	[varova:ni:]
panneau d'avertissement	**výstraha** (ž)	[vi:straha]
avertir (vt)	**upozorňovat**	[upozorniovat]
jour (m) de repos	**volný den** (m)	[volni: dɛn]
horaire (m)	**jízdní řád** (m)	[ji:zdni: rʒa:t]
heures (f pl) d'ouverture	**pracovní doba** (ž)	[pratsovni: doba]
BIENVENUE!	**VÍTEJTE!**	[vi:tɛjtɛ]
ENTRÉE	**VCHOD**	[vxot]
SORTIE	**VÝCHOD**	[vi:xot]
POUSSER	**TAM**	[tam]
TIRER	**SEM**	[sɛm]
OUVERT	**OTEVŘENO**	[otɛvrʒɛno]
FERMÉ	**ZAVŘENO**	[zavrʒɛno]
FEMMES	**ŽENY**	[ʒɛnɪ]
HOMMES	**MUŽI**	[muʒɪ]
RABAIS	**SLEVY**	[slɛvɪ]
SOLDES	**VÝPRODEJ**	[vi:prodɛj]
NOUVEAU!	**NOVINKA!**	[novɪŋka]
GRATUIT	**ZDARMA**	[zdarma]
ATTENTION!	**POZOR!**	[pozor]
COMPLET	**VOLNÁ MÍSTA NEJSOU**	[volna: mi:sta nɛjsou]
RÉSERVÉ	**ZADÁNO**	[zada:no]
ADMINISTRATION	**KANCELÁŘ**	[kantsɛla:rʒ]
RÉSERVÉ AU PERSONNEL	**POUZE PRO PERSONÁL**	[pouzɛ pro pɛrsona:l]
ATTENTION CHIEN MÉCHANT	**POZOR! ZLÝ PES**	[pozor zli: pɛs]
DÉFENSE DE FUMER	**ZÁKAZ KOUŘENÍ**	[za:kaz kourʒɛni:]
PRIÈRE DE NE PAS TOUCHER	**NEDOTÝKEJTE SE!**	[nɛdoti:kɛjtɛ sɛ]
DANGEREUX	**NEBEZPEČNÉ**	[nɛbɛzpɛtʃnɛ:]
DANGER	**NEBEZPEČÍ**	[nɛbɛzpɛtʃi:]
HAUTE TENSION	**VYSOKÉ NAPĚTÍ**	[vɪsokɛ: napeti:]
BAIGNADE INTERDITE	**KOUPÁNÍ ZAKÁZÁNO**	[koupa:ni: zaka:za:no]
HORS SERVICE	**MIMO PROVOZ**	[mɪmo provoz]
INFLAMMABLE	**VYSOCE HOŘLAVÝ**	[vɪsotsɛ horʒlavi:]
INTERDIT	**ZÁKAZ**	[za:kaz]
PASSAGE INTERDIT	**PRŮCHOD ZAKÁZÁN**	[pru:xot zaka:za:n]
PEINTURE FRAÎCHE	**ČERSTVĚ NATŘENO**	[tʃɛrstve natrʃɛno]

31. Le shopping

acheter (vt)	kupovat	[kupovat]
achat (m)	nákup (m)	[na:kup]
faire des achats	dělat nákupy	[delat na:kupɪ]
shopping (m)	nakupování (s)	[nakupova:ni:]
être ouvert	být otevřen	[bi:t otɛvrʒɛn]
être fermé	být zavřen	[bi:t zavrʒɛn]
chaussures (f pl)	obuv (ž)	[obuf]
vêtement (m)	oblečení (s)	[oblɛtʃɛni:]
produits (m pl) de beauté	kosmetika (ž)	[kosmɛtɪka]
produits (m pl) alimentaires	potraviny (ž mn)	[potravɪnɪ]
cadeau (m)	dárek (m)	[da:rɛk]
vendeur (m)	prodavač (m)	[prodavatʃ]
vendeuse (f)	prodavačka (ž)	[prodavatʃka]
caisse (f)	pokladna (ž)	[pokladna]
miroir (m)	zrcadlo (s)	[zrtsadlo]
comptoir (m)	pult (m)	[pult]
cabine (f) d'essayage	zkušební kabinka (ž)	[skuʃɛbni: kabɪŋka]
essayer (robe, etc.)	zkusit	[skusɪt]
aller bien (robe, etc.)	hodit se	[hodɪt sɛ]
plaire (être apprécié)	líbit se	[li:bɪt sɛ]
prix (m)	cena (ž)	[tsɛna]
étiquette (f) de prix	cenovka (ž)	[tsɛnofka]
coûter (vt)	stát	[sta:t]
Combien?	Kolik?	[kolɪk]
rabais (m)	sleva (ž)	[slɛva]
pas cher (adj)	levný	[lɛvni:]
bon marché (adj)	levný	[lɛvni:]
cher (adj)	drahý	[drahi:]
C'est cher	To je drahé	[to jɛ drahɛ:]
location (f)	půjčování (s)	[pu:jtʃova:ni:]
louer (une voiture, etc.)	vypůjčit si	[vɪpu:jtʃɪt sɪ]
crédit (m)	úvěr (m)	[u:ver]
à crédit (adv)	na splátky	[na spla:tkɪ]

T&P BOOKS

LES VÊTEMENTS &
LES ACCESSOIRES

T&P Books Publishing

32. Les vêtements d'extérieur

vêtement (m)	oblečení (s)	[oblɛtʃɛni:]
survêtement (m)	svrchní oděv (m)	[svrxni: odef]
vêtement (m) d'hiver	zimní oděv (m)	[zɪmni: odef]
manteau (m)	kabát (m)	[kaba:t]
manteau (m) de fourrure	kožich (m)	[koʒɪx]
veste (f) de fourrure	krátký kožich (m)	[kra:tki: koʒɪx]
manteau (m) de duvet	peřová bunda (ž)	[pɛrʒova: bunda]
veste (f) (~ en cuir)	bunda (ž)	[bunda]
imperméable (m)	plášť (m)	[pla:ʃtʲ]
imperméable (adj)	nepromokavý	[nɛpromokavi:]

33. Les vêtements

chemise (f)	košile (ž)	[koʃɪlɛ]
pantalon (m)	kalhoty (ž mn)	[kalhotɪ]
jean (m)	džínsy (m mn)	[dʒi:nsɪ]
veston (m)	sako (s)	[sako]
complet (m)	pánský oblek (m)	[pa:nski: oblɛk]
robe (f)	šaty (m mn)	[ʃatɪ]
jupe (f)	sukně (ž)	[sukne]
chemisette (f)	blůzka (ž)	[blu:ska]
veste (f) en laine	svetr (m)	[svɛtr]
jaquette (f), blazer (m)	žaket (m)	[ʒakɛt]
tee-shirt (m)	tričko (s)	[trɪtʃko]
short (m)	šortky (ž mn)	[ʃortkɪ]
costume (m) de sport	tepláková souprava (ž)	[tɛpla:kova: souprava]
peignoir (m) de bain	župan (m)	[ʒupan]
pyjama (m)	pyžamo (s)	[piʒamo]
chandail (m)	svetr (m)	[svɛtr]
pull-over (m)	pulovr (m)	[pulovr]
gilet (m)	vesta (ž)	[vɛsta]
queue-de-pie (f)	frak (m)	[frak]
smoking (m)	smoking (m)	[smokɪŋk]
uniforme (m)	uniforma (ž)	[unɪforma]
tenue (f) de travail	pracovní oděv (m)	[pratsovni: odef]

| salopette (f) | kombinéza (ž) | [kombɪnɛ:za] |
| blouse (f) (d'un médecin) | plášť (m) | [pla:ʃtⁱ] |

34. Les sous-vêtements

sous-vêtements (m pl)	spodní prádlo (s)	[spodni: pra:dlo]
maillot (m) de corps	tílko (s)	[tilko]
chaussettes (f pl)	ponožky (ž mn)	[ponoʃkɪ]

chemise (f) de nuit	noční košile (ž)	[notʃni: koʃɪlɛ]
soutien-gorge (m)	podprsenka (ž)	[potprsɛŋka]
chaussettes (f pl) hautes	podkolenky (ž mn)	[potkolɛŋkɪ]
collants (m pl)	punčochové kalhoty (ž mn)	[puntʃoxovɛ: kalgotɪ]
bas (m pl)	punčochy (ž mn)	[puntʃoxɪ]
maillot (m) de bain	plavky (ž mn)	[plafkɪ]

35. Les chapeaux

chapeau (m)	čepice (ž)	[tʃɛpɪtsɛ]
chapeau (m) feutre	klobouk (m)	[klobouk]
casquette (f) de base-ball	kšiltovka (ž)	[kʃɪltofka]
casquette (f)	čepice (ž)	[tʃɛpɪtsɛ]

béret (m)	baret (m)	[barɛt]
capuche (f)	kapuce (ž)	[kaputsɛ]
panama (m)	panamský klobouk (m)	[panamski: klobouk]
bonnet (m) de laine	pletená čepice (ž)	[plɛtɛna: tʃɛpɪtsɛ]

| foulard (m) | šátek (m) | [ʃa:tɛk] |
| chapeau (m) de femme | kloboucek (m) | [kloboutʃɛk] |

casque (m) (d'ouvriers)	přilba (ž)	[prʃɪlba]
calot (m)	lodička (ž)	[lodɪtʃka]
casque (m) (~ de moto)	helma (ž)	[hɛlma]

| melon (m) | tvrďák (m) | [tvrdⁱa:k] |
| haut-de-forme (m) | válec (m) | [va:lɛts] |

36. Les chaussures

chaussures (f pl)	obuv (ž)	[obuf]
bottines (f pl)	boty (ž mn)	[botɪ]
souliers (m pl) (~ plats)	střevíce (m mn)	[strʃɛvi:tsɛ]
bottes (f pl)	holínky (ž mn)	[holi:ŋkɪ]
chaussons (m pl)	bačkory (ž mn)	[batʃkorɪ]
tennis (m pl)	tenisky (ž mn)	[tɛnɪskɪ]

| baskets (f pl) | kecky (ž mn) | [kɛtskɪ] |
| sandales (f pl) | sandály (m mn) | [sanda:lɪ] |

cordonnier (m)	obuvník (m)	[obuvni:k]
talon (m)	podpatek (m)	[potpatɛk]
paire (f)	pár (m)	[pa:r]

lacet (m)	tkanička (ž)	[tkanɪtʃka]
lacer (vt)	šněrovat	[ʃnerovat]
chausse-pied (m)	lžíce (ž) na boty	[ʒi:tsɛ na botɪ]
cirage (m)	krém (m) na boty	[krɛ:m na botɪ]

37. Les accessoires personnels

gants (m pl)	rukavice (ž mn)	[rukavɪtsɛ]
moufles (f pl)	palčáky (m mn)	[paltʃa:kɪ]
écharpe (f)	šála (ž)	[ʃa:la]

lunettes (f pl)	brýle (ž mn)	[bri:lɛ]
monture (f)	obroučky (m mn)	[obroutʃkɪ]
parapluie (m)	deštník (m)	[dɛʃtni:k]
canne (f)	hůl (ž)	[hu:l]
brosse (f) à cheveux	kartáč (m) na vlasy	[karta:tʃ na vlasɪ]
éventail (m)	vějíř (m)	[veji:rʃ]

cravate (f)	kravata (ž)	[kravata]
nœud papillon (m)	motýlek (m)	[moti:lɛk]
bretelles (f pl)	šle (ž mn)	[ʃlɛ]
mouchoir (m)	kapesník (m)	[kapesni:k]

peigne (m)	hřeben (m)	[hrʒɛbɛn]
barrette (f)	sponka (ž)	[spoŋka]
épingle (f) à cheveux	vlásnička (ž)	[vla:snɪtʃka]
boucle (f)	spona (ž)	[spona]

| ceinture (f) | pás (m) | [pa:s] |
| bandoulière (f) | řemen (m) | [rʒɛmɛn] |

sac (m)	taška (ž)	[taʃka]
sac (m) à main	kabelka (ž)	[kabɛlka]
sac (m) à dos	batoh (m)	[batox]

38. Les vêtements. Divers

mode (f)	móda (ž)	[mo:da]
à la mode (adj)	módní	[mo:dni:]
couturier, créateur de mode	modelář (m)	[modɛla:rʃ]

col (m)	**límec** (m)	[li:mɛts]
poche (f)	**kapsa** (ž)	[kapsa]
de poche (adj)	**kapesní**	[kapɛsni:]
manche (f)	**rukáv** (m)	[ruka:f]
bride (f)	**poutko** (s)	[poutko]
braguette (f)	**poklopec** (m)	[poklopɛts]
fermeture (f) à glissière	**zip** (m)	[zɪp]
agrafe (f)	**spona** (ž)	[spona]
bouton (m)	**knoflík** (m)	[knofli:k]
boutonnière (f)	**knoflíková dírka** (ž)	[knofli:kova: di:rka]
s'arracher (bouton)	**utrhnout se**	[utrhnout sɛ]
coudre (vi, vt)	**šít**	[ʃi:t]
broder (vt)	**vyšívat**	[vɪʃi:vat]
broderie (f)	**výšivka** (ž)	[vi:ʃɪfka]
aiguille (f)	**jehla** (ž)	[jɛhla]
fil (m)	**nit** (ž)	[nɪt]
couture (f)	**šev** (m)	[ʃɛf]
se salir (vp)	**ušpinit se**	[uʃpɪnɪt sɛ]
tache (f)	**skvrna** (ž)	[skvrna]
se froisser (vp)	**pomačkat se**	[pomatʃkat sɛ]
déchirer (vt)	**roztrhat**	[roztrhat]
mite (f)	**mol** (m)	[mol]

39. L'hygiène corporelle. Les cosmétiques

dentifrice (m)	**zubní pasta** (ž)	[zubni: pasta]
brosse (f) à dents	**kartáček** (m) **na zuby**	[karta:tʃɛk na zubɪ]
se brosser les dents	**čistit si zuby**	[tʃɪstɪt sɪ zubɪ]
rasoir (m)	**holicí strojek** (m)	[holɪtsi: strojɛk]
crème (f) à raser	**krém** (m) **na holení**	[krɛ:m na holɛni:]
se raser (vp)	**holit se**	[holɪt sɛ]
savon (m)	**mýdlo** (s)	[mi:dlo]
shampooing (m)	**šampon** (m)	[ʃampon]
ciseaux (m pl)	**nůžky** (ž mn)	[nu:ʃkɪ]
lime (f) à ongles	**pilník** (m) **na nehty**	[pɪlni:k na nɛxtɪ]
pinces (f pl) à ongles	**kleštičky** (ž mn) **na nehty**	[klɛʃtɪtʃkɪ na nɛxtɪ]
pince (f) à épiler	**pinzeta** (ž)	[pɪnzeta]
produits (m pl) de beauté	**kosmetika** (ž)	[kosmɛtɪka]
masque (m) de beauté	**kosmetická maska** (ž)	[kosmɛtɪtska: maska]
manucure (f)	**manikúra** (ž)	[manɪku:ra]
se faire les ongles	**dělat manikúru**	[delat manɪku:ru]
pédicurie (f)	**pedikúra** (ž)	[pɛdɪku:ra]
trousse (f) de toilette	**kosmetická kabelka** (ž)	[kosmɛtɪtska: kabɛlka]

poudre (f)	pudr (m)	[pudr]
poudrier (m)	pudřenka (ž)	[pudrʒɛŋka]
fard (m) à joues	červené líčidlo (s)	[ʧɛrvɛnɛ: li:ʧɪdlo]

parfum (m)	voňavka (ž)	[vonʲafka]
eau (f) de toilette	toaletní voda (ž)	[toalɛtni: voda]
lotion (f)	pleťová voda (ž)	[plɛtʲova: voda]
eau de Cologne (f)	kolínská voda (ž)	[koli:nska: voda]

fard (m) à paupières	oční stíny (m mn)	[otʃni: sti:nɪ]
crayon (m) à paupières	tužka (ž) na oči	[tuʃka na otʃɪ]
mascara (m)	řasenka (ž)	[rʒasɛŋka]

rouge (m) à lèvres	rtěnka (ž)	[rtɛŋka]
vernis (m) à ongles	lak (m) na nehty	[lak na nɛxtɪ]
laque (f) pour les cheveux	lak (m) na vlasy	[lak na vlasɪ]
déodorant (m)	deodorant (m)	[dɛodorant]

crème (f)	krém (m)	[krɛ:m]
crème (f) pour le visage	pleťový krém (m)	[plɛtʲovi: krɛ:m]
crème (f) pour les mains	krém (m) na ruce	[krɛ:m na rutsɛ]
crème (f) anti-rides	krém (m) proti vráskám	[krɛ:m protɪ vra:ska:m]
de jour (adj)	denní	[dɛnni:]
de nuit (adj)	noční	[notʃni:]

tampon (m)	tampón (m)	[tampo:n]
papier (m) de toilette	toaletní papír (m)	[toalɛtni: papi:r]
sèche-cheveux (m)	fén (m)	[fɛ:n]

40. Les montres. Les horloges

montre (f)	hodinky (ž mn)	[hodɪŋkɪ]
cadran (m)	ciferník (m)	[tsɪfɛrni:k]
aiguille (f)	ručička (ž)	[rutʃɪʧka]
bracelet (m)	náramek (m)	[na:ramɛk]
bracelet (m) (en cuir)	pásek (m)	[pa:sɛk]

pile (f)	baterka (ž)	[batɛrka]
être déchargé	vybít se	[vɪbi:t sɛ]
changer de pile	vyměnit baterku	[vɪmnenɪt batɛrku]

| avancer (vi) | jít napřed | [ji:t naprʃɛt] |
| retarder (vi) | opožďovat se | [opoʒdʲovat sɛ] |

pendule (f)	nástěnné hodiny (ž mn)	[na:stennɛ: hodɪnɪ]
sablier (m)	přesýpací hodiny (ž mn)	[prʃɛsi:patsi: hodɪnɪ]
cadran (m) solaire	sluneční hodiny (ž mn)	[slunɛtʃni: hodɪnɪ]
réveil (m)	budík (m)	[budi:k]
horloger (m)	hodinář (m)	[hodɪna:rʃ]
réparer (vt)	opravovat	[opravovat]

L'EXPÉRIENCE QUOTIDIENNE

T&P Books Publishing

argent (m)	peníze (m mn)	[pɛni:zɛ]
échange (m)	výměna (ž)	[vi:mnena]
cours (m) de change	kurz (m)	[kurs]
distributeur (m)	bankomat (m)	[baŋkomat]
monnaie (f)	mince (ž)	[mɪntsɛ]
dollar (m)	dolar (m)	[dolar]
euro (m)	euro (s)	[ɛuro]
lire (f)	lira (ž)	[lɪra]
mark (m) allemand	marka (ž)	[marka]
franc (m)	frank (m)	[fraŋk]
livre sterling (f)	libra (ž) šterlinků	[lɪbra ʃtɛrlɪŋku:]
yen (m)	jen (m)	[jɛn]
dette (f)	dluh (m)	[dlux]
débiteur (m)	dlužník (m)	[dluʒni:k]
prêter (vt)	půjčit	[pu:jtʃɪt]
emprunter (vt)	půjčit si	[pu:jtʃɪt sɪ]
banque (f)	banka (ž)	[baŋka]
compte (m)	účet (m)	[u:tʃɛt]
verser dans le compte	uložit na účet	[uloʒɪt na u:tʃɛt]
retirer du compte	vybrat z účtu	[vɪbrat s u:tʃtu]
carte (f) de crédit	kreditní karta (ž)	[krɛdɪtni: karta]
espèces (f pl)	hotové peníze (m mn)	[hotovɛ: pɛni:zɛ]
chèque (m)	šek (m)	[ʃɛk]
faire un chèque	vystavit šek	[vɪstavɪt ʃɛk]
chéquier (m)	šeková knížka (ž)	[ʃɛkova: kni:ʃka]
portefeuille (m)	náprsní taška (ž)	[na:prsni: taʃka]
bourse (f)	peněženka (ž)	[pɛneʒeŋka]
coffre fort (m)	trezor (m)	[trɛzor]
héritier (m)	dědic (m)	[dedɪts]
héritage (m)	dědictví (s)	[dedɪtstvi:]
fortune (f)	majetek (m)	[majɛtɛk]
location (f)	nájem (m)	[na:jɛm]
loyer (m) (argent)	činže (ž)	[tʃɪnʒe]
louer (prendre en location)	pronajímat si	[pronaji:mat sɪ]
prix (m)	cena (ž)	[tsɛna]
coût (m)	cena (ž)	[tsɛna]

somme (f)	částka (ž)	[tʃa:stka]
dépenser (vt)	utrácet	[utra:tsɛt]
dépenses (f pl)	náklady (m mn)	[na:kladɪ]
économiser (vt)	šetřit	[ʃɛtrʃɪt]
économe (adj)	úsporný	[u:sporni:]

payer (régler)	platit	[platɪt]
paiement (m)	platba (ž)	[platba]
monnaie (f) (rendre la ~)	peníze (m mn) nazpět	[pɛni:zɛ naspet]

impôt (m)	daň (ž)	[danʲ]
amende (f)	pokuta (ž)	[pokuta]
mettre une amende	pokutovat	[pokutovat]

42. La poste. Les services postaux

poste (f)	pošta (ž)	[poʃta]
courrier (m) (lettres, etc.)	pošta (ž)	[poʃta]
facteur (m)	listonoš (m)	[lɪstonoʃ]
heures (f pl) d'ouverture	pracovní doba (ž)	[pratsovni: doba]

lettre (f)	dopis (m)	[dopɪs]
recommandé (m)	doporučený dopis (m)	[doporutʃɛni: dopɪs]
carte (f) postale	pohlednice (ž)	[pohlɛdnɪtsɛ]
télégramme (m)	telegram (m)	[tɛlɛgram]
colis (m)	balík (m)	[bali:k]
mandat (m) postal	peněžní poukázka (ž)	[pɛnɛʒni: pouka:ska]

recevoir (vt)	dostat	[dostat]
envoyer (vt)	odeslat	[odɛslat]
envoi (m)	odeslání (s)	[odɛsla:ni:]

adresse (f)	adresa (ž)	[adrɛsa]
code (m) postal	poštovní směrovací číslo (s)	[poʃtovni: smnerovatsi: tʃi:slo]
expéditeur (m)	odesílatel (m)	[odɛsi:latɛl]
destinataire (m)	příjemce (m)	[prʃi:jɛmtsɛ]

| prénom (m) | jméno (s) | [jmɛ:no] |
| nom (m) de famille | příjmení (s) | [prʃi:jmɛni:] |

tarif (m)	tarif (m)	[tarɪf]
normal (adj)	obyčejný	[obɪtʃɛjni:]
économique (adj)	zlevněný	[zlɛvneni:]

poids (m)	váha (ž)	[va:ha]
peser (~ les lettres)	vážit	[va:ʒɪt]
enveloppe (f)	obálka (ž)	[oba:lka]
timbre (m)	známka (ž)	[zna:mka]
timbrer (vt)	nalepovat známku	[nalɛpovat zna:mku]

43. Les opérations bancaires

banque (f)	banka (ž)	[baŋka]
agence (f) bancaire	pobočka (ž)	[pobotʃka]
conseiller (m)	konzultant (m)	[konzultant]
gérant (m)	správce (m)	[spra:vtsɛ]
compte (m)	účet (m)	[u:tʃɛt]
numéro (m) du compte	číslo (s) účtu	[tʃi:slo u:tʃtu]
compte (m) courant	běžný účet (m)	[beʒni: u:tʃɛt]
compte (m) sur livret	spořitelní účet (m)	[sporʒitɛlni: u:tʃɛt]
ouvrir un compte	založit účet	[zaloʒit u:tʃɛt]
clôturer le compte	uzavřít účet	[uzavrʒi:t u:tʃɛt]
verser dans le compte	uložit na účet	[uloʒit na u:tʃɛt]
retirer du compte	vybrat z účtu	[vɪbrat s u:tʃtu]
dépôt (m)	vklad (m)	[fklat]
faire un dépôt	uložit vklad	[uloʒit fklat]
virement (m) bancaire	převod (m)	[prʃɛvot]
faire un transfert	převést	[prʃɛvɛ:st]
somme (f)	částka (ž)	[tʃa:stka]
Combien?	Kolik?	[kolɪk]
signature (f)	podpis (m)	[potpɪs]
signer (vt)	podepsat	[podɛpsat]
carte (f) de crédit	kreditní karta (ž)	[krɛdɪtni: karta]
code (m)	kód (m)	[ko:t]
numéro (m) de carte de crédit	číslo (s) kreditní karty	[tʃi:slo krɛdɪtni: kartɪ]
distributeur (m)	bankomat (m)	[baŋkomat]
chèque (m)	šek (m)	[ʃɛk]
faire un chèque	vystavit šek	[vɪstavɪt ʃɛk]
chéquier (m)	šeková knížka (ž)	[ʃɛkova: kni:ʃka]
crédit (m)	úvěr (m)	[u:ver]
demander un crédit	žádat o úvěr	[ʒa:dat o u:ver]
prendre un crédit	brát na úvěr	[bra:t na u:ver]
accorder un crédit	poskytovat úvěr	[poskɪtovat u:ver]
gage (m)	kauce (ž)	[kautsɛ]

44. Le téléphone. La conversation téléphonique

téléphone (m)	telefon (m)	[tɛlɛfon]
portable (m)	mobilní telefon (m)	[mobɪlni: tɛlɛfon]

répondeur (m)	**záznamník** (m)	[za:znamni:k]
téléphoner, appeler	**volat**	[volat]
appel (m)	**hovor** (m), **volání** (s)	[hovor], [vola:ni:]
composer le numéro	**vytočit číslo**	[vɪtotʃɪt tʃi:slo]
Allô!	**Prosím!**	[prosi:m]
demander (~ l'heure)	**zeptat se**	[zɛptat sɛ]
répondre (vi, vt)	**odpovědět**	[otpovedet]
entendre (bruit, etc.)	**slyšet**	[slɪʃɛt]
bien (adv)	**dobře**	[dobrʒɛ]
mal (adv)	**špatně**	[ʃpatne]
bruits (m pl)	**poruchy** (ž mn)	[poruxɪ]
récepteur (m)	**sluchátko** (s)	[sluxa:tko]
décrocher (vt)	**vzít sluchátko**	[vzi:t sluxa:tko]
raccrocher (vi)	**zavěsit sluchátko**	[zavesɪt sluxa:tko]
occupé (adj)	**obsazeno**	[opsazɛno]
sonner (vi)	**zvonit**	[zvonɪt]
carnet (m) de téléphone	**telefonní seznam** (m)	[tɛlɛfonni: sɛznam]
local (adj)	**místní**	[mi:stni:]
interurbain (adj)	**dálkový**	[da:lkovi:]
international (adj)	**mezinárodní**	[mɛzɪna:rodni:]

45. Le téléphone portable

portable (m)	**mobilní telefon** (m)	[mobɪlni: tɛlɛfon]
écran (m)	**displej** (m)	[dɪsplɛj]
bouton (m)	**tlačítko** (s)	[tlatʃi:tko]
carte SIM (f)	**SIM karta** (ž)	[sɪm karta]
pile (f)	**baterie** (ž)	[batɛrɪe]
être déchargé	**vybít se**	[vɪbi:t sɛ]
chargeur (m)	**nabíječka** (ž)	[nabi:jɛtʃka]
menu (m)	**nabídka** (ž)	[nabi:tka]
réglages (m pl)	**nastavení** (s)	[nastavɛni:]
mélodie (f)	**melodie** (ž)	[mɛlodɪe]
sélectionner (vt)	**vybrat**	[vɪbrat]
calculatrice (f)	**kalkulačka** (ž)	[kalkulatʃka]
répondeur (m)	**hlasová schránka** (ž)	[hlasova: sxra:ŋka]
réveil (m)	**budík** (m)	[budi:k]
contacts (m pl)	**telefonní seznam** (m)	[tɛlɛfonni: sɛznam]
SMS (m)	**SMS zpráva** (ž)	[ɛsɛmɛs spra:va]
abonné (m)	**účastník** (m)	[u:tʃastni:k]

46. La papeterie

stylo (m) à bille	pero (s)	[pɛro]
stylo (m) à plume	plnicí pero (s)	[plnɪtsi: pɛro]
crayon (m)	tužka (ž)	[tuʃka]
marqueur (m)	značkovač (m)	[znatʃkovatʃ]
feutre (m)	fix (m)	[fɪks]
bloc-notes (m)	notes (m)	[notɛs]
agenda (m)	diář (m)	[dɪa:rʃ]
règle (f)	pravítko (s)	[pravi:tko]
calculatrice (f)	kalkulačka (ž)	[kalkulatʃka]
gomme (f)	guma (ž)	[guma]
punaise (f)	napínáček (m)	[napi:na:tʃɛk]
trombone (m)	svorka (ž)	[svorka]
colle (f)	lepidlo (s)	[lɛpɪdlo]
agrafeuse (f)	sešívačka (ž)	[sɛʃi:vatʃka]
perforateur (m)	dírkovačka (ž)	[di:rkovatʃka]
taille-crayon (m)	ořezávátko (s)	[orʒɛza:va:tko]

47. Les langues étrangères

langue (f)	jazyk (m)	[jazɪk]
langue (f) étrangère	cizí jazyk (m)	[tsɪzi: jazɪk]
étudier (vt)	studovat	[studovat]
apprendre (~ l'arabe)	učit se	[utʃɪt sɛ]
lire (vi, vt)	číst	[tʃi:st]
parler (vi, vt)	mluvit	[mluvɪt]
comprendre (vt)	rozumět	[rozumnet]
écrire (vt)	psát	[psa:t]
vite (adv)	rychle	[rɪxlɛ]
lentement (adv)	pomalu	[pomalu]
couramment (adv)	plynně	[plɪnne]
règles (f pl)	pravidla (s mn)	[pravɪdla]
grammaire (f)	mluvnice (ž)	[mluvnɪtsɛ]
vocabulaire (m)	slovní zásoba (ž)	[slovni: za:soba]
phonétique (f)	hláskosloví (s)	[hla:skoslovi:]
manuel (m)	učebnice (ž)	[utʃɛbnɪtsɛ]
dictionnaire (m)	slovník (m)	[slovni:k]
manuel (m) autodidacte	učebnice (ž) pro samouky	[utʃɛbnɪtsɛ pro samoukɪ]
guide (m) de conversation	konverzace (ž)	[konvɛrzatsɛ]
cassette (f)	kazeta (ž)	[kazɛta]

cassette (f) vidéo	videokazeta (ž)	[vɪdɛokazɛta]
CD (m)	CD disk (m)	[tsɛːdɛː dɪsk]
DVD (m)	DVD (s)	[dɛvɛdɛ]
alphabet (m)	abeceda (ž)	[abɛtsɛda]
épeler (vt)	hláskovat	[hlaːskovat]
prononciation (f)	výslovnost (ž)	[viːslovnost]
accent (m)	cizí přízvuk (m)	[tsɪzi: prʃiːzvuk]
avec un accent	s cizím přízvukem	[s tsɪziːm prʃiːzvukɛm]
sans accent	bez cizího přízvuku	[bɛz tsɪziːho prʃiːzvuku]
mot (m)	slovo (s)	[slovo]
sens (m)	smysl (m)	[smɪsl]
cours (m pl)	kurzy (m mn)	[kurzɪ]
s'inscrire (vp)	zapsat se	[zapsat sɛ]
professeur (m) (~ d'anglais)	vyučující (m)	[vɪutʃujiːtsi:]
traduction (f) (action)	překlad (m)	[prʃɛklat]
traduction (f) (texte)	překlad (m)	[prʃɛklat]
traducteur (m)	překladatel (m)	[prʃɛkladatɛl]
interprète (m)	tlumočník (m)	[tlumotʃniːk]
polyglotte (m)	polyglot (m)	[polɪglot]
mémoire (f)	paměť (ž)	[pamnetʲ]

LES REPAS.
LE RESTAURANT

T&P Books Publishing

cuillère (f)	lžíce (ž)	[ʈʒiːʦɛ]
couteau (m)	nůž (m)	[nuːʃ]
fourchette (f)	vidlička (ž)	[vɪdlɪʧka]

tasse (f)	šálek (m)	[ʃaːlɛk]
assiette (f)	talíř (m)	[taliːrʃ]
soucoupe (f)	talířek (m)	[taliːrʒɛk]
serviette (f)	ubrousek (m)	[ubrousɛk]
cure-dent (m)	párátko (s)	[paːraːtko]

49. Le restaurant

restaurant (m)	restaurace (ž)	[rɛstauraʦɛ]
salon (m) de café	kavárna (ž)	[kavaːrna]
bar (m)	bar (m)	[bar]
salon (m) de thé	čajovna (ž)	[ʧajovna]

serveur (m)	číšník (m)	[ʧiːʃniːk]
serveuse (f)	číšnice (ž)	[ʧiːʃnɪʦɛ]
barman (m)	barman (m)	[barman]
carte (f)	jídelní lístek (m)	[jiːdɛlni: liːstɛk]
carte (f) des vins	nápojový lístek (m)	[naːpojovi: liːstɛk]
réserver une table	rezervovat stůl	[rɛzɛrvovat stuːl]
plat (m)	jídlo (s)	[jiːdlo]
commander (vt)	objednat si	[objɛdnat sɪ]
faire la commande	objednat si	[objɛdnat sɪ]

apéritif (m)	aperitiv (m)	[apɛrɪtɪʃ]
hors-d'œuvre (m)	předkrm (m)	[prʃɛtkrm]
dessert (m)	desert (m)	[dɛsɛrt]

addition (f)	účet (m)	[uːʧɛt]
régler l'addition	zaplatit účet	[zaplatɪt uːʧɛt]
rendre la monnaie	dát nazpátek	[daːt naspaːtɛk]
pourboire (m)	spropitné (s)	[spropɪtnɛː]

50. Les repas

| nourriture (f) | jídlo (s) | [jiːdlo] |
| manger (vi, vt) | jíst | [jiːst] |

petit déjeuner (m)	snídaně (ž)	[sni:dane]
prendre le petit déjeuner	snídat	[sni:dat]
déjeuner (m)	oběd (m)	[obet]
déjeuner (vi)	obědvat	[obedvat]
dîner (m)	večeře (ž)	[vɛtʃɛrʒɛ]
dîner (vi)	večeřet	[vɛtʃɛrʒɛt]

| appétit (m) | chuť (ž) k jídlu | [xutʲ k ji:dlu] |
| Bon appétit! | Dobrou chuť! | [dobrou xutʲ] |

ouvrir (vt)	otvírat	[otvi:rat]
renverser (liquide)	rozlít	[rozli:t]
se renverser (liquide)	rozlít se	[rozli:t sɛ]

bouillir (vi)	vřít	[vrʒi:t]
faire bouillir	vařit	[varʒɪt]
bouilli (l'eau ~e)	svařený	[svarʒɛni:]
refroidir (vt)	ochladit	[oxladɪt]
se refroidir (vp)	ochlazovat se	[oxlazovat sɛ]

| goût (m) | chuť (ž) | [xutʲ] |
| arrière-goût (m) | příchuť (ž) | [prʃi:xutʲ] |

suivre un régime	držet dietu	[drʒet dɪetu]
régime (m)	dieta (ž)	[dɪeta]
vitamine (f)	vitamín (m)	[vɪtami:n]
calorie (f)	kalorie (ž)	[kalorɪe]
végétarien (m)	vegetarián (m)	[vɛgɛtarɪa:n]
végétarien (adj)	vegetariánský	[vɛgɛtarɪa:nski:]

lipides (m pl)	tuky (m)	[tukɪ]
protéines (f pl)	bílkoviny (ž)	[bi:lkovɪnɪ]
glucides (m pl)	karbohydráty (mn)	[karbohɪdrati:]
tranche (f)	plátek (m)	[pla:tɛk]
morceau (m)	kousek (m)	[kousɛk]
miette (f)	drobek (m)	[drobɛk]

51. Les plats cuisinés

plat (m)	jídlo (s)	[ji:dlo]
cuisine (f)	kuchyně (ž)	[kuxɪne]
recette (f)	recept (m)	[rɛtsɛpt]
portion (f)	porce (ž)	[porʦɛ]

| salade (f) | salát (m) | [sala:t] |
| soupe (f) | polévka (ž) | [polɛ:fka] |

bouillon (m)	vývar (m)	[vi:var]
sandwich (m)	obložený chlebíček (m)	[obl oʒeni: xlɛbi:tʃɛk]
les œufs brouillés	míchaná vejce (s mn)	[mi:xana: vɛjʦɛ]

137

hamburger (m)	**hamburger** (m)	[hamburgɛr]
steak (m)	**biftek** (m)	[bɪftɛk]
garniture (f)	**příloha** (ž)	[prʃiːloha]
spaghettis (m pl)	**spagety** (m mn)	[spagɛtɪ]
purée (f)	**bramborová kaše** (ž)	[bramborovaː kaʃɛ]
pizza (f)	**pizza** (ž)	[pɪtsa]
bouillie (f)	**kaše** (ž)	[kaʃɛ]
omelette (f)	**omeleta** (ž)	[omɛlɛta]
cuit à l'eau (adj)	**vařený**	[varʒɛniː]
fumé (adj)	**uzený**	[uzɛniː]
frit (adj)	**smažený**	[smaʒeniː]
sec (adj)	**sušený**	[suʃɛniː]
congelé (adj)	**zmražený**	[zmraʒeniː]
mariné (adj)	**marinovaný**	[marɪnovaniː]
sucré (adj)	**sladký**	[slatkiː]
salé (adj)	**slaný**	[slaniː]
froid (adj)	**studený**	[studɛniː]
chaud (adj)	**teplý**	[tɛpliː]
amer (adj)	**hořký**	[horʃkiː]
bon (savoureux)	**chutný**	[xutniː]
cuire à l'eau	**vařit**	[varʒɪt]
préparer (le dîner)	**vařit**	[varʒɪt]
faire frire	**smažit**	[smaʒɪt]
réchauffer (vt)	**ohřívat**	[ohrʒiːvat]
saler (vt)	**solit**	[solɪt]
poivrer (vt)	**pepřit**	[pɛprʃɪt]
râper (vt)	**strouhat**	[strouhat]
peau (f)	**slupka** (ž)	[slupka]
éplucher (vt)	**loupat**	[loupat]

52. Les aliments

viande (f)	**maso** (s)	[maso]
poulet (m)	**slepice** (ž)	[slɛpɪtsɛ]
poulet (m) (poussin)	**kuře** (s)	[kurʒɛ]
canard (m)	**kachna** (ž)	[kaxna]
oie (f)	**husa** (ž)	[husa]
gibier (m)	**zvěřina** (ž)	[zverʒɪna]
dinde (f)	**krůta** (ž)	[kruːta]
du porc	**vepřové** (s)	[vɛprʃovɛː]
du veau	**telecí** (s)	[tɛlɛtsiː]
du mouton	**skopové** (s)	[skopovɛː]
du bœuf	**hovězí** (s)	[hovɛziː]
lapin (m)	**králík** (m)	[kraːliːk]

saucisson (m)	**salám** (m)	[sala:m]
saucisse (f)	**párek** (m)	[pa:rɛk]
bacon (m)	**slanina** (ž)	[slanɪna]
jambon (m)	**šunka** (ž)	[ʃuŋka]
cuisse (f)	**kýta** (ž)	[ki:ta]
pâté (m)	**paštika** (ž)	[paʃtɪka]
foie (m)	**játra** (s mn)	[ja:tra]
farce (f)	**mleté maso** (s)	[mlɛtɛ: maso]
langue (f)	**jazyk** (m)	[jazɪk]
œuf (m)	**vejce** (s)	[vɛjtsɛ]
les œufs	**vejce** (s mn)	[vɛjtsɛ]
blanc (m) d'œuf	**bílek** (m)	[bi:lɛk]
jaune (m) d'œuf	**žloutek** (m)	[ʒloutɛk]
poisson (m)	**ryby** (ž mn)	[rɪbɪ]
fruits (m pl) de mer	**mořské plody** (m mn)	[morʃskɛ: plodɪ]
caviar (m)	**kaviár** (m)	[kavɪa:r]
crabe (m)	**krab** (m)	[krap]
crevette (f)	**kreveta** (ž)	[krɛvɛta]
huître (f)	**ústřice** (ž)	[u:strʃɪtsɛ]
langoustine (f)	**langusta** (ž)	[langusta]
poulpe (m)	**chobotnice** (ž)	[xobotnɪtsɛ]
calamar (m)	**sépie** (ž)	[sɛ:pɪe]
esturgeon (m)	**jeseter** (m)	[jɛsɛtɛr]
saumon (m)	**losos** (m)	[losos]
flétan (m)	**platýs** (m)	[plati:s]
morue (f)	**treska** (ž)	[trɛska]
maquereau (m)	**makrela** (ž)	[makrɛla]
thon (m)	**tuňák** (m)	[tunʲa:k]
anguille (f)	**úhoř** (m)	[u:horʃ]
truite (f)	**pstruh** (m)	[pstrux]
sardine (f)	**sardinka** (ž)	[sardɪŋka]
brochet (m)	**štika** (ž)	[ʃtɪka]
hareng (m)	**sleď** (ž)	[slɛtʲ]
pain (m)	**chléb** (m)	[xlɛ:p]
fromage (m)	**sýr** (m)	[si:r]
sucre (m)	**cukr** (m)	[tsukr]
sel (m)	**sůl** (ž)	[su:l]
riz (m)	**rýže** (ž)	[ri:ʒe]
pâtes (m pl)	**makaróny** (m mn)	[makaro:nɪ]
nouilles (f pl)	**nudle** (ž mn)	[nudlɛ]
beurre (m)	**máslo** (s)	[ma:slo]
huile (f) végétale	**olej** (m)	[olɛj]

huile (f) de tournesol	slunečnicový olej (m)	[slunɛtʃnɪtsovi: olɛj]
margarine (f)	margarín (m)	[margari:n]
olives (f pl)	olivy (ž)	[olɪvɪ]
huile (f) d'olive	olivový olej (m)	[olɪvovi: olɛj]
lait (m)	mléko (s)	[mlɛ:ko]
lait (m) condensé	kondenzované mléko (s)	[kondɛnzovanɛ: mlɛ:ko]
yogourt (m)	jogurt (m)	[jogurt]
crème (f) aigre	kyselá smetana (ž)	[kɪsɛla: smɛtana]
crème (f) (de lait)	sladká smetana (ž)	[slatka: smɛtana]
sauce (f) mayonnaise	majonéza (ž)	[majonɛ:za]
crème (f) au beurre	krém (m)	[krɛ:m]
gruau (m)	kroupy (ž mn)	[kroupɪ]
farine (f)	mouka (ž)	[mouka]
conserves (f pl)	konzerva (ž)	[konzɛrva]
pétales (m pl) de maïs	kukuřičné vločky (ž mn)	[kukurʒɪtʃnɛ: vlotʃkɪ]
miel (m)	med (m)	[mɛt]
confiture (f)	džem (m)	[dʒem]
gomme (f) à mâcher	žvýkačka (ž)	[ʒvi:katʃka]

53. Les boissons

eau (f)	voda (ž)	[voda]
eau (f) potable	pitná voda (ž)	[pɪtna: voda]
eau (f) minérale	minerální voda (ž)	[mɪnɛra:lni: voda]
plate (adj)	neperlivý	[nɛpɛrlɪvi:]
gazeuse (l'eau ~)	perlivý	[pɛrlɪvi:]
pétillante (adj)	perlivý	[pɛrlɪvi:]
glace (f)	led (m)	[lɛt]
avec de la glace	s ledem	[s lɛdɛm]
sans alcool	nealkoholický	[nɛalkoholɪtski:]
boisson (f) non alcoolisée	nealkoholický nápoj (m)	[nɛalkoholɪtski: na:poj]
rafraîchissement (m)	osvěžující nápoj (m)	[osvɛʒuji:tsi na:poj]
limonade (f)	limonáda (ž)	[lɪmona:da]
boissons (f pl) alcoolisées	alkoholické nápoje (m mn)	[alkoholɪtskɛ: na:pojɛ]
vin (m)	víno (s)	[vi:no]
vin (m) blanc	bílé víno (s)	[bi:lɛ: vi:no]
vin (m) rouge	červené víno (s)	[tʃɛrvɛnɛ: vi:no]
liqueur (f)	likér (m)	[lɪkɛ:r]
champagne (m)	šampaňské (s)	[ʃampaɲskɛ:]
vermouth (m)	vermut (m)	[vɛrmut]
whisky (m)	whisky (ž)	[vɪskɪ]

vodka (f)	vodka (ž)	[votka]
gin (m)	džin (m)	[dʒɪn]
cognac (m)	koňak (m)	[konʲak]
rhum (m)	rum (m)	[rum]

café (m)	káva (ž)	[ka:va]
café (m) noir	černá káva (ž)	[tʃɛrna: ka:va]
café (m) au lait	bílá káva (ž)	[bi:la: ka:va]
cappuccino (m)	kapučíno (s)	[kaputʃi:no]
café (m) soluble	rozpustná káva (ž)	[rozpustna: ka:va]

lait (m)	mléko (s)	[mlɛ:ko]
cocktail (m)	koktail (m)	[koktajl]
cocktail (m) au lait	mléčný koktail (m)	[mlɛtʃni: koktajl]

jus (m)	šťáva (ž), džus (m)	[ʃtʲa:va], [dʒus]
jus (m) de tomate	rajčatová šťáva (ž)	[rajtʃatova: ʃtʲa:va]
jus (m) d'orange	pomerančový džus (m)	[pomɛrantʃovi: dʒus]
jus (m) pressé	vymačkaná šťáva (ž)	[vɪmatʃkana: ʃtʲa:va]

bière (f)	pivo (s)	[pɪvo]
bière (f) blonde	světlé pivo (s)	[svetlɛ: pɪvo]
bière (f) brune	tmavé pivo (s)	[tmavɛ: pɪvo]

thé (m)	čaj (m)	[tʃaj]
thé (m) noir	černý čaj (m)	[tʃɛrni: tʃaj]
thé (m) vert	zelený čaj (m)	[zɛlɛni: tʃaj]

54. Les légumes

| légumes (m pl) | zelenina (ž) | [zɛlɛnɪna] |
| verdure (f) | zelenina (ž) | [zɛlɛnɪna] |

tomate (f)	rajské jablíčko (s)	[rajskɛ: jabli:tʃko]
concombre (m)	okurka (ž)	[okurka]
carotte (f)	mrkev (ž)	[mrkɛf]
pomme (f) de terre	brambory (ž mn)	[bramborɪ]
oignon (m)	cibule (ž)	[tsɪbulɛ]
ail (m)	česnek (m)	[tʃɛsnɛk]

chou (m)	zelí (s)	[zɛli:]
chou-fleur (m)	květák (m)	[kveta:k]
chou (m) de Bruxelles	růžičková kapusta (ž)	[ru:ʒɪtʃkova: kapusta]
brocoli (m)	brokolice (ž)	[brokolɪtsɛ]

betterave (f)	červená řepa (ž)	[tʃɛrvena: rʒɛpa]
aubergine (f)	lilek (m)	[lɪlɛk]
courgette (f)	cukina, cuketa (ž)	[tsukɪna], [tsuketa]
potiron (m)	tykev (ž)	[tɪkɛf]
navet (m)	vodní řepa (ž)	[vodni: rʒɛpa]

persil (m)	**petržel** (ž)	[pɛtrʒel]
fenouil (m)	**kopr** (m)	[kopr]
laitue (f) (salade)	**salát** (m)	[sala:t]
céleri (m)	**celer** (m)	[ʦɛlɛr]
asperge (f)	**chřest** (m)	[xrʃɛst]
épinard (m)	**špenát** (m)	[ʃpɛna:t]

pois (m)	**hrách** (m)	[hra:x]
fèves (f pl)	**boby** (m mn)	[bobɪ]
maïs (m)	**kukuřice** (ž)	[kukurʒɪʦɛ]
haricot (m)	**fazole** (ž)	[fazolɛ]

poivron (m)	**pepř** (m)	[pɛprʃ]
radis (m)	**ředkvička** (ž)	[rʒɛtkvɪʧka]
artichaut (m)	**artyčok** (m)	[artɪʧok]

55. Les fruits. Les noix

fruit (m)	**ovoce** (s)	[ovoʦɛ]
pomme (f)	**jablko** (s)	[jablko]
poire (f)	**hruška** (ž)	[hruʃka]
citron (m)	**citrón** (m)	[ʦɪtro:n]
orange (f)	**pomeranč** (m)	[pomɛranʧ]
fraise (f)	**zahradní jahody** (ž mn)	[zahradni: jahodɪ]

mandarine (f)	**mandarinka** (ž)	[mandarɪŋka]
prune (f)	**švestka** (ž)	[ʃvɛstka]
pêche (f)	**broskev** (ž)	[broskɛf]
abricot (m)	**meruňka** (ž)	[mɛrunʲka]
framboise (f)	**maliny** (ž mn)	[malɪnɪ]
ananas (m)	**ananas** (m)	[ananas]

banane (f)	**banán** (m)	[bana:n]
pastèque (f)	**vodní meloun** (m)	[vodni: mɛloun]
raisin (m)	**hroznové víno** (s)	[hroznovɛ: vi:no]
cerise (f)	**višně** (ž)	[vɪʃne]
merise (f)	**třešně** (ž)	[trʃɛʃne]
melon (m)	**cukrový meloun** (m)	[ʦukrovi: mɛloun]

pamplemousse (m)	**grapefruit** (m)	[grɛjpfru:t]
avocat (m)	**avokádo** (s)	[avoka:do]
papaye (f)	**papája** (ž)	[papa:ja]
mangue (f)	**mango** (s)	[mango]
grenade (f)	**granátové jablko** (s)	[grana:tovɛ: jablko]

groseille (f) rouge	**červený rybíz** (m)	[ʧɛrvɛni: rɪbi:z]
cassis (m)	**černý rybíz** (m)	[ʧɛrni: rɪbi:z]
groseille (f) verte	**angrešt** (m)	[angrɛʃt]
myrtille (f)	**borůvky** (ž mn)	[boru:fkɪ]
mûre (f)	**ostružiny** (ž mn)	[ostruʒɪnɪ]

raisin (m) sec	hrozinky (ž mn)	[hrozɪŋkɪ]
figue (f)	fík (m)	[fi:k]
datte (f)	datle (ž)	[datlɛ]

cacahuète (f)	burský oříšek (m)	[burski: orʒi:ʃɛk]
amande (f)	mandle (ž)	[mandlɛ]
noix (f)	vlašský ořech (m)	[vlaʃski: orʒɛx]
noisette (f)	lískový ořech (m)	[li:skovi: orʒɛx]
noix (f) de coco	kokos (m)	[kokos]
pistaches (f pl)	pistácie (ž)	[pɪsta:tsɪɛ]

56. Le pain. Les confiseries

confiserie (f)	cukroví (s)	[tsukrovi:]
pain (m)	chléb (m)	[xlɛ:p]
biscuit (m)	sušenky (ž mn)	[suʃɛŋkɪ]

chocolat (m)	čokoláda (ž)	[tʃokola:da]
en chocolat (adj)	čokoládový	[tʃokola:dovi:]
bonbon (m)	bonbón (m)	[bonbo:n]
gâteau (m), pâtisserie (f)	zákusek (m)	[za:kusɛk]
tarte (f)	dort (m)	[dort]

gâteau (m)	koláč (m)	[kola:tʃ]
garniture (f)	nádivka (ž)	[na:dɪfka]

confiture (f)	zavařenina (ž)	[zavarʒɛnɪna]
marmelade (f)	marmeláda (ž)	[marmɛla:da]
gaufre (f)	oplatky (mn)	[oplatkɪ]
glace (f)	zmrzlina (ž)	[zmrzlɪna]

57. Les épices

sel (m)	sůl (ž)	[su:l]
salé (adj)	slaný	[slani:]
saler (vt)	solit	[solɪt]

poivre (m) noir	černý pepř (m)	[tʃɛrni: pɛprʃ]
poivre (m) rouge	červená paprika (ž)	[tʃɛrvɛna: paprɪka]
moutarde (f)	hořčice (ž)	[horʃtʃɪtsɛ]
raifort (m)	křen (m)	[krʃɛn]

condiment (m)	ochucovadlo (s)	[oxutsovadlo]
épice (f)	koření (s)	[korʒɛni:]
sauce (f)	omáčka (ž)	[oma:tʃka]
vinaigre (m)	ocet (m)	[otsɛt]
anis (m)	anýz (m)	[ani:z]
basilic (m)	bazalka (ž)	[bazalka]

clou (m) de girofle	hřebíček (m)	[hrʒɛbiːtʃɛk]
gingembre (m)	zázvor (m)	[zaːzvor]
coriandre (m)	koriandr (m)	[korɪandr]
cannelle (f)	skořice (ž)	[skorʒɪʦɛ]

sésame (m)	sezam (m)	[sɛzam]
feuille (f) de laurier	bobkový list (m)	[bopkoviː lɪst]
paprika (m)	paprika (ž)	[paprɪka]
cumin (m)	kmín (m)	[kmiːn]
safran (m)	šafrán (m)	[ʃafraːn]

T&P BOOKS

LES DONNÉES PERSONNELLES. LA FAMILLE

T&P Books Publishing

prénom (m)	jméno (s)	[jmɛ:no]
nom (m) de famille	příjmení (s)	[prʃi:jmɛni:]
date (f) de naissance	datum (s) narození	[datum narozɛni:]
lieu (m) de naissance	místo (s) narození	[mi:sto narozɛni:]
nationalité (f)	národnost (ž)	[na:rodnost]
domicile (m)	bydliště (s)	[bɪdlɪʃte]
pays (m)	země (ž)	[zɛmnɛ]
profession (f)	povolání (s)	[povola:ni:]
sexe (m)	pohlaví (s)	[pohlavi:]
taille (f)	postava (ž)	[postava]
poids (m)	váha (ž)	[va:ha]

mère (f)	matka (ž)	[matka]
père (m)	otec (m)	[otɛts]
fils (m)	syn (m)	[sɪn]
fille (f)	dcera (ž)	[dtsɛra]
fille (f) cadette	nejmladší dcera (ž)	[nɛjmladʃi: dtsɛra]
fils (m) cadet	nejmladší syn (m)	[nɛjmladʃi: sɪn]
fille (f) aînée	nejstarší dcera (ž)	[nɛjstarʃi: dtsɛra]
fils (m) aîné	nejstarší syn (m)	[nɛjstarʃi: sɪn]
frère (m)	bratr (m)	[bratr]
sœur (f)	sestra (ž)	[sɛstra]
cousin (m)	bratranec (m)	[bratranɛts]
cousine (f)	sestřenice (ž)	[sɛstrʃɛnɪtsɛ]
maman (f)	maminka (ž)	[mamɪŋka]
papa (m)	táta (m)	[ta:ta]
parents (m pl)	rodiče (m mn)	[rodɪtʃɛ]
enfant (m, f)	dítě (s)	[di:te]
enfants (pl)	děti (ž mn)	[detɪ]
grand-mère (f)	babička (ž)	[babɪtʃka]
grand-père (m)	dědeček (m)	[dedɛtʃɛk]
petit-fils (m)	vnuk (m)	[vnuk]
petite-fille (f)	vnučka (ž)	[vnutʃka]
petits-enfants (pl)	vnuci (m mn)	[vnutsɪ]

oncle (m)	strýc (m)	[striːʦ]
tante (f)	teta (ž)	[tɛta]
neveu (m)	synovec (m)	[sɪnovɛʦ]
nièce (f)	neteř (ž)	[nɛtɛrʃ]

belle-mère (f)	tchyně (ž)	[txɪne]
beau-père (m)	tchán (m)	[txaːn]
gendre (m)	zeť (m)	[zɛtʲ]
belle-mère (f)	nevlastní matka (ž)	[nɛvlastniː matka]
beau-père (m)	nevlastní otec (m)	[nɛvlastniː otɛʦ]

nourrisson (m)	kojenec (m)	[kojɛnɛʦ]
bébé (m)	nemluvně (s)	[nɛmluvne]
petit (m)	děcko (s)	[detsko]

femme (f)	žena (ž)	[ʒena]
mari (m)	muž (m)	[muʃ]
époux (m)	manžel (m)	[manʒel]
épouse (f)	manželka (ž)	[manʒelka]

marié (adj)	ženatý	[ʒenatiː]
mariée (adj)	vdaná	[vdanaː]
célibataire (adj)	svobodný	[svobodniː]
célibataire (m)	mládenec (m)	[mlaːdɛnɛʦ]
divorcé (adj)	rozvedený	[rozvɛdɛniː]
veuve (f)	vdova (ž)	[vdova]
veuf (m)	vdovec (m)	[vdovɛʦ]

parent (m)	příbuzný (m)	[prʃiːbuzniː]
parent (m) proche	blízký příbuzný (m)	[bliːski: prʃiːbuzni:]
parent (m) éloigné	vzdálený příbuzný (m)	[vzdaːlɛni: prʃiːbuzni:]
parents (m pl)	příbuzenstvo (s)	[prʃiːbuzɛnstvo]

orphelin (m), orpheline (f)	sirotek (m, ž)	[sɪrotɛk]
tuteur (m)	poručník (m)	[porutʃniːk]
adopter (un garçon)	adoptovat	[adoptovat]
adopter (une fille)	adoptovat dívku	[adoptovat difku]

60. Les amis. Les collègues

ami (m)	přítel (m)	[prʃiːtɛl]
amie (f)	přítelkyně (ž)	[prʃiːtɛlkɪne]
amitié (f)	přátelství (s)	[prʃaːtɛlstviː]
être ami	kamarádit	[kamaraːdɪt]

copain (m)	kamarád (m)	[kamaraːt]
copine (f)	kamarádka (ž)	[kamaraːtka]
partenaire (m)	partner (m)	[partnɛr]
chef (m)	šéf (m)	[ʃɛːf]
supérieur (m)	vedoucí (m)	[vɛdouʦiː]

subordonné (m)	**podřízený** (m)	[podrʒiːzɛniː]
collègue (m, f)	**kolega** (m)	[kolɛga]
connaissance (f)	**známý** (m)	[znaːmiː]
compagnon (m) de route	**spolucestující** (m)	[spolutsɛstujiːtsiː]
copain (m) de classe	**spolužák** (m)	[spoluʒaːk]
voisin (m)	**soused** (m)	[sousɛt]
voisine (f)	**sousedka** (ž)	[sousɛtka]
voisins (m pl)	**sousedé** (m mn)	[sousɛdɛː]

LE CORPS HUMAIN. LES MÉDICAMENTS

T&P Books Publishing

61. La tête

tête (f)	hlava (ž)	[hlava]
visage (m)	obličej (ž)	[oblɪʧɛj]
nez (m)	nos (m)	[nos]
bouche (f)	ústa (s mn)	[u:sta]

œil (m)	oko (s)	[oko]
les yeux	oči (s mn)	[oʧɪ]
pupille (f)	zornice (ž)	[zornɪtsɛ]
sourcil (m)	obočí (s)	[oboʧi:]
cil (m)	řasa (ž)	[rʒasa]
paupière (f)	víčko (s)	[vi:ʧko]

langue (f)	jazyk (m)	[jazɪk]
dent (f)	zub (m)	[zup]
lèvres (f pl)	rty (m mn)	[rtɪ]
pommettes (f pl)	lícní kosti (ž mn)	[li:tsni: kostɪ]
gencive (f)	dáseň (ž)	[da:sɛnʲ]
palais (m)	patro (s)	[patro]

narines (f pl)	chřípí (s)	[xrʃi:pi:]
menton (m)	brada (ž)	[brada]
mâchoire (f)	čelist (ž)	[ʧɛlɪst]
joue (f)	tvář (ž)	[tva:rʃ]

front (m)	čelo (s)	[ʧɛlo]
tempe (f)	spánek (s)	[spa:nɛk]
oreille (f)	ucho (s)	[uxo]
nuque (f)	týl (m)	[ti:l]
cou (m)	krk (m)	[krk]
gorge (f)	hrdlo (s)	[hrdlo]

cheveux (m pl)	vlasy (m mn)	[vlasɪ]
coiffure (f)	účes (m)	[u:ʧes]
coupe (f)	střih (m)	[strʃɪx]
perruque (f)	paruka (ž)	[paruka]

moustache (f)	vousy (m mn)	[vousɪ]
barbe (f)	plnovous (m)	[plnovous]
porter (~ la barbe)	nosit	[nosɪt]
tresse (f)	cop (m)	[tsop]
favoris (m pl)	licousy (m mn)	[lɪtsousɪ]

| roux (adj) | zrzavý | [zrzavi:] |
| gris, grisonnant (adj) | šedivý | [ʃɛdɪvi:] |

| chauve (adj) | lysý | [lɪsiː] |
| calvitie (f) | lysina (ž) | [lɪsɪna] |

| queue (f) de cheval | ocas (m) | [otsas] |
| frange (f) | ofina (ž) | [ofɪna] |

62. Le corps humain

| main (f) | ruka (ž) | [ruka] |
| bras (m) | ruka (ž) | [ruka] |

| doigt (m) | prst (m) | [prst] |
| pouce (m) | palec (m) | [palɛts] |

| petit doigt (m) | malíček (m) | [maliːtʃɛk] |
| ongle (m) | nehet (m) | [nɛhɛt] |

poing (m)	pěst (ž)	[pest]
paume (f)	dlaň (ž)	[dlanʲ]
poignet (m)	zápěstí (s)	[zaːpɛstiː]
avant-bras (m)	předloktí (s)	[prʃɛdlokti:]

| coude (m) | loket (m) | [lokɛt] |
| épaule (f) | rameno (s) | [ramɛno] |

jambe (f)	noha (ž)	[noha]
pied (m)	chodidlo (s)	[xodɪdlo]
genou (m)	koleno (s)	[kolɛno]
mollet (m)	lýtko (s)	[liːtko]

| hanche (f) | stehno (s) | [stɛhno] |
| talon (m) | pata (ž) | [pata] |

corps (m)	tělo (s)	[telo]
ventre (m)	břicho (s)	[brʒɪxo]
poitrine (f)	prsa (s mn)	[prsa]
sein (m)	prs (m)	[prs]
côté (m)	bok (m)	[bok]
dos (m)	záda (s mn)	[zaːda]

| reins (région lombaire) | kříž (m) | [krʃiːʃ] |
| taille (f) (~ de guêpe) | pás (m) | [paːs] |

nombril (m)	pupek (m)	[pupɛk]
fesses (f pl)	hýždě (ž mn)	[hiːʒde]
derrière (m)	zadek (m)	[zadɛk]

grain (m) de beauté	mateřské znaménko (s)	[matɛrʃkɛː znamɛːŋko]
tatouage (m)	tetování (s)	[tɛtovaːniː]
cicatrice (f)	jizva (ž)	[jɪzva]

63. Les maladies

maladie (f)	nemoc (ž)	[nɛmoʦ]
être malade	být nemocný	[bi:t nɛmoʦni:]
santé (f)	zdraví (s)	[zdravi:]
rhume (m) (coryza)	rýma (ž)	[ri:ma]
angine (f)	angína (ž)	[angi:na]
refroidissement (m)	nachlazení (s)	[naxlazɛni:]
prendre froid	nachladit se	[naxladɪt sɛ]
bronchite (f)	bronchitida (ž)	[bronxɪti:da]
pneumonie (f)	zápal (m) plic	[za:pal plɪʦ]
grippe (f)	chřipka (ž)	[xrʃɪpka]
myope (adj)	krátkozraký	[kra:tkozraki:]
presbyte (adj)	dalekozraký	[dalɛkozraki:]
strabisme (m)	šilhavost (ž)	[ʃɪlhavost]
strabique (adj)	šilhavý	[ʃɪlhavi:]
cataracte (f)	šedý zákal (m)	[ʃɛdi: za:kal]
glaucome (m)	zelený zákal (m)	[zɛlɛni: za:kal]
insulte (f)	mozková mrtvice (ž)	[moskova: mrtvɪʦɛ]
crise (f) cardiaque	infarkt (m)	[ɪnfarkt]
infarctus (m) de myocarde	infarkt (m) myokardu	[ɪnfarkt mɪokardu]
paralysie (f)	obrna (ž)	[obrna]
paralyser (vt)	paralyzovat	[paralɪzovat]
allergie (f)	alergie (ž)	[alɛrgɪe]
asthme (m)	astma (s)	[astma]
diabète (m)	cukrovka (ž)	[ʦukrofka]
mal (m) de dents	bolení (s) zubů	[bolɛni: zubu:]
carie (f)	zubní kaz (m)	[zubni: kaz]
diarrhée (f)	průjem (m)	[pru:jɛm]
constipation (f)	zácpa (ž)	[za:ʦpa]
estomac (m) barbouillé	žaludeční potíže (ž mn)	[ʒaludɛʧni: poti:ʒe]
intoxication (f) alimentaire	otrava (ž)	[otrava]
être intoxiqué	otrávit se	[otra:vɪt sɛ]
arthrite (f)	artritida (ž)	[artrɪtɪda]
rachitisme (m)	rachitida (ž)	[raxɪtɪda]
rhumatisme (m)	revmatismus (m)	[rɛvmatɪzmus]
athérosclérose (f)	ateroskleróza (ž)	[atɛrosklɛro:za]
gastrite (f)	gastritida (ž)	[gastrɪtɪda]
appendicite (f)	apendicitida (ž)	[apɛndɪʦɪtɪda]
cholécystite (f)	zánět (m) žlučníku	[za:net ʒluʧni:ku]
ulcère (m)	vřed (m)	[vrʒɛt]
rougeole (f)	spalničky (ž mn)	[spalnɪʧki:]

rubéole (f)	zarděnky (ž mn)	[zardeɲkɪ]
jaunisse (f)	žloutenka (ž)	[ʒloutɛɲka]
hépatite (f)	hepatitida (ž)	[hɛpatɪtɪda]

schizophrénie (f)	schizofrenie (ž)	[sxɪzofrɛnɪe]
rage (f) (hydrophobie)	vzteklina (ž)	[vstɛklɪna]
névrose (f)	neuróza (ž)	[nɛuro:za]
commotion (f) cérébrale	otřes (m) mozku	[otrʃɛs mosku]

cancer (m)	rakovina (ž)	[rakovɪna]
sclérose (f)	skleróza (ž)	[sklɛro:za]
sclérose (f) en plaques	roztroušená skleróza (ž)	[roztrouʃɛna: sklɛro:za]

alcoolisme (m)	alkoholismus (m)	[alkoholɪzmus]
alcoolique (m)	alkoholik (m)	[alkoholɪk]
syphilis (f)	syfilida (ž)	[sɪfɪlɪda]
SIDA (m)	AIDS (m)	[ajts]

tumeur (f)	nádor (m)	[na:dor]
maligne (adj)	zhoubný	[zhoubni:]
bénigne (adj)	nezhoubný	[nɛzhoubni:]

fièvre (f)	zimnice (ž)	[zɪmnɪtsɛ]
malaria (f)	malárie (ž)	[mala:rɪe]
gangrène (f)	gangréna (ž)	[gangrɛ:na]
mal (m) de mer	mořská nemoc (ž)	[morʃska: nɛmots]
épilepsie (f)	padoucnice (ž)	[padoutsnɪtsɛ]

épidémie (f)	epidemie (ž)	[ɛpɪdɛmɪe]
typhus (m)	tyf (m)	[tɪf]
tuberculose (f)	tuberkulóza (ž)	[tubɛrkulo:za]
choléra (m)	cholera (ž)	[xolɛra]
peste (f)	mor (m)	[mor]

64. Les symptômes. Le traitement. Partie 1

symptôme (m)	příznak (m)	[prʃi:znak]
température (f)	teplota (ž)	[tɛplota]
fièvre (f)	vysoká teplota (ž)	[vɪsoka: tɛplota]
pouls (m)	tep (m)	[tɛp]

vertige (m)	závrať (ž)	[za:vratʲ]
chaud (adj)	horký	[horki:]
frisson (m)	mrazení (s)	[mrazɛni:]
pâle (adj)	bledý	[blɛdi:]

toux (f)	kašel (m)	[kaʃɛl]
tousser (vi)	kašlat	[kaʃlat]
éternuer (vi)	kýchat	[ki:xat]
évanouissement (m)	mdloby (ž mn)	[mdlobɪ]

s'évanouir (vp)	**upadnout do mdlob**	[upadnout do mdlop]
bleu (m)	**modřina** (ž)	[modrʒɪna]
bosse (f)	**boule** (ž)	[boulɛ]
se heurter (vp)	**uhodit se**	[uhodɪt sɛ]
meurtrissure (f)	**pohmožděnina** (ž)	[pohmoʒdenɪna]
se faire mal	**uhodit se**	[uhodɪt sɛ]
boiter (vi)	**kulhat**	[kulhat]
foulure (f)	**vykloubení** (s)	[vɪkloubɛni:]
se démettre (l'épaule, etc.)	**vykloubit**	[vɪkloubɪt]
fracture (f)	**zlomenina** (ž)	[zlomɛnɪna]
avoir une fracture	**dostat zlomeninu**	[dostat zlomɛnɪnu]
coupure (f)	**říznutí** (s)	[rʒi:znuti:]
se couper (~ le doigt)	**říznout se**	[rʒi:znout sɛ]
hémorragie (f)	**krvácení** (s)	[krva:ʦɛni:]
brûlure (f)	**popálenina** (ž)	[popa:lɛnɪna]
se brûler (vp)	**spálit se**	[spa:lɪt sɛ]
se piquer (le doigt)	**píchnout**	[pi:xnout]
se piquer (vp)	**píchnout se**	[pi:xnout sɛ]
blesser (vt)	**pohmoždit**	[pohmoʒdɪt]
blessure (f)	**pohmoždění** (s)	[pohmoʒdeni:]
plaie (f) (blessure)	**rána** (ž)	[ra:na]
trauma (m)	**úraz** (m)	[u:raz]
délirer (vi)	**blouznit**	[blouznɪt]
bégayer (vi)	**zajíkat se**	[zaji:kat sɛ]
insolation (f)	**úpal** (m)	[u:pal]

65. Les symptômes. Le traitement. Partie 2

douleur (f)	**bolest** (ž)	[bolɛst]
écharde (f)	**tříska** (ž)	[trʃi:ska]
sueur (f)	**pot** (m)	[pot]
suer (vi)	**potit se**	[potɪt sɛ]
vomissement (m)	**zvracení** (s)	[zvraʦɛni:]
spasmes (m pl)	**křeče** (ž mn)	[krʃɛʧɛ]
enceinte (adj)	**těhotná**	[tɛhotna:]
naître (vi)	**narodit se**	[narodɪt sɛ]
accouchement (m)	**porod** (m)	[porot]
accoucher (vi)	**rodit**	[rodɪt]
avortement (m)	**umělý potrat** (m)	[umneli: potrat]
respiration (f)	**dýchání** (s)	[di:xa:ni:]
inhalation (f)	**vdech** (m)	[vdɛx]
expiration (f)	**výdech** (m)	[vi:dɛx]

expirer (vi)	vydechnout	[vɪdɛxnout]
inspirer (vi)	nadechnout se	[nadɛxnout sɛ]
invalide (m)	invalida (m)	[ɪnvalɪda]
handicapé (m)	mrzák (m)	[mrza:k]
drogué (m)	narkoman (m)	[narkoman]
sourd (adj)	hluchý	[hluxi:]
muet (adj)	němý	[nemi:]
fou (adj)	šílený	[ʃi:lɛni:]
fou (m)	šílenec (m)	[ʃi:lɛnɛts]
folle (f)	šílenec (ž)	[ʃi:lɛnɛts]
devenir fou	zešílet	[zɛʃi:lɛt]
gène (m)	gen (m)	[gɛn]
immunité (f)	imunita (ž)	[ɪmunɪta]
héréditaire (adj)	dědičný	[dedɪtʃni:]
congénital (adj)	vrozený	[vrozɛni:]
virus (m)	virus (m)	[vɪrus]
microbe (m)	mikrob (m)	[mɪkrop]
bactérie (f)	baktérie (ž)	[baktɛ:rɪe]
infection (f)	infekce (ž)	[ɪnfɛktsɛ]

66. Les symptômes. Le traitement. Partie 3

hôpital (m)	nemocnice (ž)	[nɛmotsnɪtsɛ]
patient (m)	pacient (m)	[patsɪent]
diagnostic (m)	diagnóza (ž)	[dɪagno:za]
cure (f) (faire une ~)	léčení (s)	[lɛ:tʃɛni:]
traitement (m)	léčba (ž)	[lɛ:tʃba]
se faire soigner	léčit se	[lɛ:tʃɪt sɛ]
traiter (un patient)	léčit	[lɛ:tʃɪt]
soigner (un malade)	ošetřovat	[oʃɛtrʃovat]
soins (m pl)	ošetřování (s)	[oʃɛtrʃova:ni:]
opération (f)	operace (ž)	[opɛratsɛ]
panser (vt)	obvázat	[obva:zat]
pansement (m)	obvazování (s)	[obvazova:ni:]
vaccination (f)	očkování (s)	[otʃkova:ni:]
vacciner (vt)	dělat očkování	[delat otʃkova:ni:]
piqûre (f)	injekce (ž)	[ɪnjɛktsɛ]
faire une piqûre	dávat injekci	[da:vat ɪnjɛktsɪ]
crise, attaque (f)	záchvat (m)	[za:xvat]
amputation (f)	amputace (ž)	[amputatsɛ]
amputer (vt)	amputovat	[amputovat]

coma (m)	**kóma** (s)	[ko:ma]
être dans le coma	**být v kómatu**	[bi:t v ko:matu]
réanimation (f)	**reanimace** (ž)	[rɛanɪmatsɛ]
se rétablir (vp)	**uzdravovat se**	[uzdravovat sɛ]
état (m) (de santé)	**stav** (m)	[staf]
conscience (f)	**vědomí** (s)	[vedomi:]
mémoire (f)	**paměť** (ž)	[pamnetʲ]
arracher (une dent)	**trhat**	[trhat]
plombage (m)	**plomba** (ž)	[plomba]
plomber (vt)	**plombovat**	[plombovat]
hypnose (f)	**hypnóza** (ž)	[hɪpno:za]
hypnotiser (vt)	**hypnotizovat**	[hɪpnotɪzovat]

67. Les médicaments. Les accessoires

médicament (m)	**lék** (m)	[lɛ:k]
remède (m)	**prostředek** (m)	[prostrʃɛdɛk]
prescrire (vt)	**předepsat**	[prʒɛdɛpsat]
ordonnance (f)	**recept** (m)	[rɛtsɛpt]
comprimé (m)	**tableta** (ž)	[tablɛta]
onguent (m)	**mast** (ž)	[mast]
ampoule (f)	**ampule** (ž)	[ampulɛ]
mixture (f)	**mixtura** (ž)	[mɪkstura]
sirop (m)	**sirup** (m)	[sɪrup]
pilule (f)	**pilulka** (ž)	[pɪlulka]
poudre (f)	**prášek** (m)	[pra:ʃɛk]
bande (f)	**obvaz** (m)	[obvaz]
coton (m) (ouate)	**vata** (ž)	[vata]
iode (m)	**jód** (m)	[jo:t]
sparadrap (m)	**leukoplast** (m)	[lɛukoplast]
compte-gouttes (m)	**pipeta** (ž)	[pɪpɛta]
thermomètre (m)	**teploměr** (m)	[tɛplomner]
seringue (f)	**injekční stříkačka** (ž)	[ɪnjɛktʃni: strʃi:katʃka]
fauteuil (m) roulant	**vozík** (m)	[vozi:k]
béquilles (f pl)	**berle** (ž mn)	[bɛrlɛ]
anesthésique (m)	**anestetikum** (s)	[anɛstɛtɪkum]
purgatif (m)	**projímadlo** (s)	[proji:madlo]
alcool (m)	**líh** (m)	[li:x]
herbe (f) médicinale	**bylina** (ž)	[bɪlɪna]
d'herbes (adj)	**bylinný**	[bɪlɪnni:]

T&P BOOKS

L'APPARTEMENT

T&P Books Publishing

68. L'appartement

appartement (m)	**byt** (m)	[bɪt]
chambre (f)	**pokoj** (m)	[pokoj]
chambre (f) à coucher	**ložnice** (ž)	[loʒnɪtsɛ]
salle (f) à manger	**jídelna** (ž)	[jiːdɛlna]
salon (m)	**přijímací pokoj** (m)	[prʃɪjiːmatsi: pokoj]
bureau (m)	**pracovna** (ž)	[pratsovna]
antichambre (f)	**předsíň** (ž)	[prʃɛtsiːnʲ]
salle (f) de bains	**koupelna** (ž)	[koupɛlna]
toilettes (f pl)	**záchod** (m)	[zaːxot]
plafond (m)	**strop** (m)	[strop]
plancher (m)	**podlaha** (ž)	[podlaha]
coin (m)	**kout** (m)	[kout]

69. Les meubles. L'intérieur

meubles (m pl)	**nábytek** (m)	[naːbɪtɛk]
table (f)	**stůl** (m)	[stuːl]
chaise (f)	**židle** (ž)	[ʒɪdlɛ]
lit (m)	**lůžko** (s)	[luːʃko]
canapé (m)	**pohovka** (ž)	[pohofka]
fauteuil (m)	**křeslo** (s)	[krʃɛslo]
bibliothèque (f) (meuble)	**knihovna** (ž)	[knɪhovna]
rayon (m)	**police** (ž)	[polɪtsɛ]
armoire (f)	**skříň** (ž)	[skrʃiːnʲ]
patère (f)	**předsíňový věšák** (m)	[prʃɛdsiːnovi veʃaːk]
portemanteau (m)	**stojanový věšák** (m)	[stojanovi veʃaːk]
commode (f)	**prádelník** (m)	[praːdɛlniːk]
table (f) basse	**konferenční stolek** (m)	[konfɛrɛntʃni: stolɛk]
miroir (m)	**zrcadlo** (s)	[zrtsadlo]
tapis (m)	**koberec** (m)	[kobɛrɛts]
petit tapis (m)	**kobereček** (m)	[kobɛrɛtʃɛk]
cheminée (f)	**krb** (m)	[krp]
bougie (f)	**svíce** (ž)	[sviːtsɛ]
chandelier (m)	**svícen** (m)	[sviːtsɛn]
rideaux (m pl)	**záclony** (ž mn)	[zaːtslonɪ]

papier (m) peint	tapety (ž mn)	[tapɛtɪ]
jalousie (f)	žaluzie (ž)	[ʒaluzɪe]

lampe (f) de table	stolní lampa (ž)	[stolni: lampa]
applique (f)	svítidlo (s)	[svi:tɪdlo]
lampadaire (m)	stojací lampa (ž)	[stojatsi: lampa]
lustre (m)	lustr (m)	[lustr]

pied (m) (~ de la table)	noha (ž)	[noha]
accoudoir (m)	područka (ž)	[podrutʃka]
dossier (m)	opěradlo (s)	[operadlo]
tiroir (m)	zásuvka (ž)	[za:sufka]

70. La literie

linge (m) de lit	ložní prádlo (s)	[loʒni: pra:dlo]
oreiller (m)	polštář (m)	[polʃta:rʃ]
taie (f) d'oreiller	povlak (m) na polštář	[povlak na polʃta:rʒ]
couverture (f)	deka (ž)	[dɛka]
drap (m)	prostěradlo (s)	[prosteradlo]
couvre-lit (m)	přikrývka (ž)	[prʃɪkri:fka]

71. La cuisine

cuisine (f)	kuchyně (ž)	[kuxɪne]
gaz (m)	plyn (m)	[plɪn]
cuisinière (f) à gaz	plynový sporák (m)	[plɪnovi: spora:k]
cuisinière (f) électrique	elektrický sporák (m)	[ɛlɛktrɪtski: spora:k]
four (m)	trouba (ž)	[trouba]
four (m) micro-ondes	mikrovlnná pec (ž)	[mɪkrovlnna: pɛts]

réfrigérateur (m)	lednička (ž)	[lɛdnɪtʃka]
congélateur (m)	mrazicí komora (ž)	[mrazɪtsi: komora]
lave-vaisselle (m)	myčka (ž) nádobí	[mɪtʃka na:dobi:]

hachoir (m) à viande	mlýnek (m) na maso	[mli:nɛk na maso]
centrifugeuse (f)	odšťavňovač (m)	[otʃtʲavnʲovatʃ]
grille-pain (m)	opékač (m) topinek	[opɛ:katʃ topɪnɛk]
batteur (m)	mixér (m)	[mɪksɛ:r]

machine (f) à café	kávovar (m)	[ka:vovar]
cafetière (f)	konvice (ž) na kávu	[konvɪtsɛ na ka:vu]
moulin (m) à café	mlýnek (m) na kávu	[mli:nɛk na ka:vu]

bouilloire (f)	čajník (m)	[tʃajni:k]
théière (f)	čajová konvice (ž)	[tʃajova konvɪtsɛ]
couvercle (m)	poklička (ž)	[poklɪtʃka]
passoire (f) à thé	cedítko (s)	[tsɛdi:tko]

cuillère (f)	lžíce (ž)	[ʒi:tsɛ]
petite cuillère (f)	kávová lžička (ž)	[ka:vova: ʒɪtʃka]
cuillère (f) à soupe	polévková lžíce (ž)	[polɛ:fkova: ʒi:tsɛ]
fourchette (f)	vidlička (ž)	[vɪdlɪtʃka]
couteau (m)	nůž (m)	[nu:ʃ]

vaisselle (f)	nádobí (s)	[na:dobi:]
assiette (f)	talíř (m)	[tali:rʃ]
soucoupe (f)	talířek (m)	[tali:rʒɛk]

verre (m) à shot	sklenička (ž)	[sklɛnɪtʃka]
verre (m) (~ d'eau)	sklenice (ž)	[sklɛnɪtsɛ]
tasse (f)	šálek (m)	[ʃa:lɛk]

sucrier (m)	cukřenka (ž)	[tsukrʃɛɳka]
salière (f)	solnička (ž)	[solnɪtʃka]
poivrière (f)	pepřenka (ž)	[pɛprʃɛɳka]
beurrier (m)	nádobka (ž) na máslo	[na:dopka na ma:slo]

casserole (f)	hrnec (m)	[hrnɛts]
poêle (f)	pánev (ž)	[pa:nɛf]
louche (f)	naběračka (ž)	[naberatʃka]
passoire (f)	cedník (m)	[tsɛdni:k]
plateau (m)	podnos (m)	[podnos]

bouteille (f)	láhev (ž)	[la:hɛf]
bocal (m) (à conserves)	sklenice (ž)	[sklɛnɪtsɛ]
boîte (f) en fer-blanc	plechovka (ž)	[plɛxofka]

ouvre-bouteille (m)	otvírač (m) lahví	[otvi:ratʃ lahvi:]
ouvre-boîte (m)	otvírač (m) konzerv	[otvi:ratʃ konzɛrf]
tire-bouchon (m)	vývrtka (ž)	[vi:vrtka]
filtre (m)	filtr (m)	[fɪltr]
filtrer (vt)	filtrovat	[fɪltrovat]

ordures (f pl)	odpadky (m mn)	[otpatki:]
poubelle (f)	kbelík (m) na odpadky	[gbɛli:k na otpatkɪ]

72. La salle de bains

salle (f) de bains	koupelna (ž)	[koupɛlna]
eau (f)	voda (ž)	[vʋda]
robinet (m)	kohout (m)	[kohout]
eau (f) chaude	teplá voda (ž)	[tɛpla: voda]
eau (f) froide	studená voda (ž)	[studɛna: voda]

dentifrice (m)	zubní pasta (ž)	[zubni: pasta]
se brosser les dents	čistit si zuby	[tʃɪstɪt sɪ zubɪ]
se raser (vp)	holit se	[holɪt sɛ]
mousse (f) à raser	pěna (ž) na holení	[pena na holɛni:]

rasoir (m)	holicí strojek (m)	[holɪtsi: strojɛk]
laver (vt)	mýt	[mi:t]
se laver (vp)	mýt se	[mi:t sɛ]
douche (f)	sprcha (ž)	[sprxa]
prendre une douche	sprchovat se	[sprxovat sɛ]
baignoire (f)	vana (ž)	[vana]
cuvette (f)	záchodová mísa (ž)	[za:xodova: mi:sa]
lavabo (m)	umývadlo (s)	[umi:vadlo]
savon (m)	mýdlo (m)	[mi:dlo]
porte-savon (m)	miska (ž) na mýdlo	[mɪska na mi:dlo]
éponge (f)	mycí houba (ž)	[mɪtsi: houba]
shampooing (m)	šampon (m)	[ʃampon]
serviette (f)	ručník (m)	[rutʃni:k]
peignoir (m) de bain	župan (m)	[ʒupan]
lessive (f) (faire la ~)	praní (s)	[prani:]
machine (f) à laver	pračka (ž)	[pratʃka]
faire la lessive	prát	[pra:t]
lessive (f) (poudre)	prací prášek (m)	[pratsi: pra:ʃɛk]

73. Les appareils électroménagers

téléviseur (m)	televizor (m)	[tɛlɛvɪzor]
magnétophone (m)	magnetofon (m)	[magnɛtofon]
magnétoscope (m)	videomagnetofon (m)	[vɪdɛomagnɛtofon]
radio (f)	přijímač (m)	[prʃɪji:matʃ]
lecteur (m)	přehrávač (m)	[prʃɛhra:vatʃ]
vidéoprojecteur (m)	projektor (m)	[projɛktor]
home cinéma (m)	domácí biograf (m)	[doma:tsi bɪograf]
lecteur DVD (m)	DVD přehrávač (m)	[dɛvɛdɛ prʃɛhra:vatʃ]
amplificateur (m)	zesilovač (m)	[zɛsɪlovatʃ]
console (f) de jeux	hrací přístroj (m)	[hratsi: prʃi:stroj]
caméscope (m)	videokamera (ž)	[vɪdɛokamɛra]
appareil (m) photo	fotoaparát (m)	[fotoapara:t]
appareil (m) photo numérique	digitální fotoaparát (m)	[dɪgɪta:lni: fotoapara:t]
aspirateur (m)	vysavač (m)	[vɪsavatʃ]
fer (m) à repasser	žehlička (ž)	[ʒehlɪtʃka]
planche (f) à repasser	žehlicí prkno (s)	[ʒehlɪtsi: prkno]
téléphone (m)	telefon (m)	[tɛlɛfon]
portable (m)	mobilní telefon (m)	[mobɪlni: tɛlɛfon]
machine (f) à écrire	psací stroj (m)	[psatsi: stroj]
machine (f) à coudre	šicí stroj (m)	[ʃɪtsi: stroj]

micro (m)	**mikrofon** (m)	[mɪkrofon]
écouteurs (m pl)	**sluchátka** (s mn)	[sluxa:tka]
télécommande (f)	**ovládač** (m)	[ovla:datʃ]

CD (m)	**CD disk** (m)	[ʦɛ:dɛ: dɪsk]
cassette (f)	**kazeta** (ž)	[kazɛta]
disque (m) (vinyle)	**deska** (ž)	[dɛska]

LA TERRE. LE TEMPS

T&P Books Publishing

74. L'espace cosmique

cosmos (m)	**kosmos** (m)	[kosmos]
cosmique (adj)	**kosmický**	[kosmɪtski:]
espace (m) cosmique	**kosmický prostor** (m)	[kosmɪtski: prostor]
monde, univers (m)	**vesmír** (m)	[vɛsmi:r]
galaxie (f)	**galaxie** (ž)	[galaksɪe]
étoile (f)	**hvězda** (ž)	[hvezda]
constellation (f)	**souhvězdí** (s)	[souhvezdi:]
planète (f)	**planeta** (ž)	[planɛta]
satellite (m)	**družice** (ž)	[druʒɪtsɛ]
météorite (m)	**meteorit** (m)	[mɛtɛorɪt]
comète (f)	**kometa** (ž)	[komɛta]
astéroïde (m)	**asteroid** (m)	[astɛroɪt]
orbite (f)	**oběžná dráha** (ž)	[obeʒna: dra:ha]
tourner (vi)	**otáčet se**	[ota:tʃɛt sɛ]
atmosphère (f)	**atmosféra** (ž)	[atmosfɛ:ra]
Soleil (m)	**Slunce** (s)	[sluntsɛ]
système (m) solaire	**sluneční soustava** (ž)	[slunɛtʃni: soustava]
éclipse (f) de soleil	**sluneční zatmění** (s)	[slunɛtʃni: zatmneni:]
Terre (f)	**Země** (ž)	[zɛmnɛ]
Lune (f)	**Měsíc** (m)	[mnesi:ts]
Mars (m)	**Mars** (m)	[mars]
Vénus (f)	**Venuše** (ž)	[vɛnuʃɛ]
Jupiter (m)	**Jupiter** (m)	[jupɪtɛr]
Saturne (m)	**Saturn** (m)	[saturn]
Mercure (m)	**Merkur** (m)	[mɛrkur]
Uranus (m)	**Uran** (m)	[uran]
Neptune	**Neptun** (m)	[nɛptun]
Pluton (m)	**Pluto** (s)	[pluto]
la Voie Lactée	**Mléčná dráha** (ž)	[mlɛ:tʃna: dra:ha]
la Grande Ours	**Velká medvědice** (ž)	[vɛlka: mɛdvedɪtsɛ]
la Polaire	**Polárka** (ž)	[pola:rka]
martien (m)	**Marťan** (m)	[martʲan]
extraterrestre (m)	**mimozemšťan** (m)	[mɪmozɛmʃtʲan]
alien (m)	**vetřelec** (m)	[vɛtrʃɛlɛts]

soucoupe (f) volante	létající talíř (m)	[lɛ:taji:tsi: tali:rʃ]
vaisseau (m) spatial	kosmická loď (ž)	[kosmɪtska: lotʲ]
station (f) orbitale	orbitální stanice (ž)	[orbɪta:lni: stanɪtsɛ]
lancement (m)	start (m)	[start]

moteur (m)	motor (m)	[motor]
tuyère (f)	tryska (ž)	[trɪska]
carburant (m)	palivo (s)	[palɪvo]

cabine (f)	kabina (ž)	[kabɪna]
antenne (f)	anténa (ž)	[antɛ:na]
hublot (m)	okénko (s)	[okɛ:ŋko]
batterie (f) solaire	sluneční baterie (ž)	[slunɛtʃni: batɛrɪe]
scaphandre (m)	skafandr (m)	[skafandr]

apesanteur (f)	beztížný stav (m)	[bɛzti:ʒni: staf]
oxygène (m)	kyslík (m)	[kɪsli:k]

arrimage (m)	spojení (s)	[spojɛni:]
s'arrimer à ...	spojovat se	[spojovat sɛ]

observatoire (m)	observatoř (ž)	[opsɛrvatorʃ]
télescope (m)	teleskop (m)	[tɛlɛskop]
observer (vt)	pozorovat	[pozorovat]
explorer (un cosmos)	zkoumat	[skoumat]

75. La Terre

Terre (f)	Země (ž)	[zɛmnɛ]
globe (m) terrestre	zeměkoule (ž)	[zɛmnekoulɛ]
planète (f)	planeta (ž)	[planɛta]

atmosphère (f)	atmosféra (ž)	[atmosfɛ:ra]
géographie (f)	zeměpis (m)	[zɛmnepɪs]
nature (f)	příroda (ž)	[prʃi:roda]

globe (m) de table	glóbus (m)	[glo:bus]
carte (f)	mapa (ž)	[mapa]
atlas (m)	atlas (m)	[atlas]

Europe (f)	Evropa (ž)	[ɛvropa]
Asie (f)	Asie (ž)	[azɪe]
Afrique (f)	Afrika (ž)	[afrɪka]
Australie (f)	Austrálie (ž)	[austra:lɪe]

Amérique (f)	Amerika (ž)	[amɛrɪka]
Amérique (f) du Nord	Severní Amerika (ž)	[sɛvɛrni: amɛrɪka]
Amérique (f) du Sud	Jižní Amerika (ž)	[jɪʒni: amɛrɪka]
l'Antarctique (m)	Antarktida (ž)	[antarkti:da]
l'Arctique (m)	Arktida (ž)	[arktɪda]

76. Les quatre parties du monde

nord (m)	sever (m)	[sɛvɛr]
vers le nord	na sever	[na sɛvɛr]
au nord	na severu	[na sɛvɛru]
du nord (adj)	severní	[sɛvɛrni:]
sud (m)	jih (m)	[jɪx]
vers le sud	na jih	[na jɪx]
au sud	na jihu	[na jɪhu]
du sud (adj)	jižní	[jɪʒni:]
ouest (m)	západ (m)	[za:pat]
vers l'occident	na západ	[na za:pat]
à l'occident	na západě	[na za:pade]
occidental (adj)	západní	[za:padni:]
est (m)	východ (m)	[vi:xot]
vers l'orient	na východ	[na vi:xot]
à l'orient	na východě	[na vi:xode]
oriental (adj)	východní	[vi:xodni:]

77. Les océans et les mers

mer (f)	moře (s)	[morʒɛ]
océan (m)	oceán (m)	[otsɛa:n]
golfe (m)	záliv (m)	[za:lɪf]
détroit (m)	průliv (m)	[pru:lɪf]
continent (m)	pevnina (ž)	[pɛvnɪna]
île (f)	ostrov (m)	[ostrof]
presqu'île (f)	poloostrov (m)	[poloostrof]
archipel (m)	souostroví (s)	[souostrovi:]
baie (f)	zátoka (ž)	[za:toka]
port (m)	přístav (m)	[prʃi:staf]
lagune (f)	laguna (ž)	[lagu:na]
cap (m)	mys (m)	[mɪs]
atoll (m)	atol (m)	[atol]
récif (m)	útes (m)	[u:tɛo]
corail (m)	korál (m)	[kora:l]
récif (m) de corail	korálový útes (m)	[kora:lovi: u:tɛs]
profond (adj)	hluboký	[hluboki:]
profondeur (f)	hloubka (ž)	[hloupka]
abîme (m)	hlubina (ž)	[hlubɪna]
fosse (f) océanique	prohlubeň (ž)	[prohlubɛnʲ]
courant (m)	proud (m)	[prout]

baigner (vt) (mer)	omývat	[omiːvat]
littoral (m)	břeh (m)	[brʒɛx]
côte (f)	pobřeží (s)	[pobrʒɛʒiː]

marée (f) haute	příliv (m)	[prʃiːlɪf]
marée (f) basse	odliv (m)	[odlɪf]
banc (m) de sable	mělčina (ž)	[mneltʃɪna]
fond (m)	dno (s)	[dno]

vague (f)	vlna (ž)	[vlna]
crête (f) de la vague	hřbet (m) vlny	[hrʒbɛt vlnɪ]
mousse (f)	pěna (ž)	[pena]

tempête (f) en mer	bouřka (ž)	[bourʃka]
ouragan (m)	hurikán (m)	[hurɪkaːn]
tsunami (m)	tsunami (s)	[tsunamɪ]
calme (m)	bezvětří (s)	[bɛzvetrʃiː]
calme (tranquille)	klidný	[klɪdniː]

| pôle (m) | pól (m) | [poːl] |
| polaire (adj) | polární | [polaːrniː] |

latitude (f)	šířka (ž)	[ʃiːrʃka]
longitude (f)	délka (ž)	[dɛːlka]
parallèle (f)	rovnoběžka (ž)	[rovnobeʃka]
équateur (m)	rovník (m)	[rovniːk]

ciel (m)	obloha (ž)	[obloha]
horizon (m)	horizont (m)	[horɪzont]
air (m)	vzduch (m)	[vzdux]

phare (m)	maják (m)	[majaːk]
plonger (vi)	potápět se	[potaːpet sɛ]
sombrer (vi)	potopit se	[potopɪt sɛ]
trésor (m)	bohatství (s)	[bohatstviː]

78. Les noms des mers et des océans

océan (m) Atlantique	Atlantický oceán (m)	[atlantɪtski: ɒtsɛaːn]
océan (m) Indien	Indický oceán (m)	[ɪndɪtski: ɒtsɛaːn]
océan (m) Pacifique	Tichý oceán (m)	[tɪxi: ɒtsɛaːn]
océan (m) Glacial	Severní ledový oceán (m)	[sɛvɛrni: lɛdovi: ɒtsɛaːn]

mer (f) Noire	Černé moře (s)	[tʃɛrnɛ: morʒɛ]
mer (f) Rouge	Rudé moře (s)	[rudɛ: morʒɛ]
mer (f) Jaune	Žluté moře (s)	[ʒlutɛ: morʒɛ]
mer (f) Blanche	Bílé moře (s)	[biːlɛ: morʒɛ]

| mer (f) Caspienne | Kaspické moře (s) | [kaspɪtskɛ: morʒɛ] |
| mer (f) Morte | Mrtvé moře (s) | [mrtvɛ: morʒɛ] |

mer (f) Méditerranée	**Středozemní moře** (s)	[strʃɛdozɛmni: morʒɛ]
mer (f) Égée	**Egejské moře** (s)	[ɛgɛjskɛ: morʒɛ]
mer (f) Adriatique	**Jaderské moře** (s)	[jadɛrskɛ: morʒɛ]
mer (f) Arabique	**Arabské moře** (s)	[arapskɛ: morʒɛ]
mer (f) du Japon	**Japonské moře** (s)	[japonskɛ: morʒɛ]
mer (f) de Béring	**Beringovo moře** (s)	[bɛrɪngovo morʒɛ]
mer (f) de Chine Méridionale	**Jihočínské moře** (s)	[jɪhotʃi:nskɛ: morʒɛ]
mer (f) de Corail	**Korálové moře** (s)	[kora:lovɛ: morʒɛ]
mer (f) de Tasman	**Tasmanovo moře** (s)	[tasmanovo morʒɛ]
mer (f) Caraïbe	**Karibské moře** (s)	[karɪpskɛ: morʒɛ]
mer (f) de Barents	**Barentsovo moře** (s)	[barɛntsovo morʒɛ]
mer (f) de Kara	**Karské moře** (s)	[karskɛ: morʒɛ]
mer (f) du Nord	**Severní moře** (s)	[sɛvɛrni: morʒɛ]
mer (f) Baltique	**Baltské moře** (s)	[baltskɛ: morʒɛ]
mer (f) de Norvège	**Norské moře** (s)	[norskɛ: morʒɛ]

79. Les montagnes

montagne (f)	**hora** (ž)	[hora]
chaîne (f) de montagnes	**horské pásmo** (s)	[horskɛ: pa:smo]
crête (f)	**horský hřbet** (m)	[horski: hrʒbɛt]
sommet (m)	**vrchol** (m)	[vrxol]
pic (m)	**štít** (m)	[ʃti:t]
pied (m)	**úpatí** (s)	[u:pati:]
pente (f)	**svah** (m)	[svax]
volcan (m)	**sopka** (ž)	[sopka]
volcan (m) actif	**činná sopka** (ž)	[tʃɪnna: sopka]
volcan (m) éteint	**vyhaslá sopka** (ž)	[vɪhasla: sopka]
éruption (f)	**výbuch** (m)	[vi:bux]
cratère (m)	**kráter** (m)	[kra:tɛr]
magma (m)	**magma** (ž)	[magma]
lave (f)	**láva** (ž)	[la:va]
en fusion (lave ~)	**rozžhavený**	[rozʒhavɛni:]
canyon (m)	**kaňon** (m)	[kanʲon]
défilé (m) (gorge)	**soutěska** (ž)	[souteska]
crevasse (f)	**rozsedlina** (ž)	[rozsɛdlɪna]
col (m) de montagne	**průsmyk** (m)	[pru:smɪk]
plateau (m)	**plató** (s)	[plato:]
rocher (m)	**skála** (ž)	[ska:la]
colline (f)	**kopec** (m)	[kopɛts]

glacier (m)	**ledovec** (m)	[lɛdovɛts]
chute (f) d'eau	**vodopád** (m)	[vodopaːt]
geyser (m)	**vřídlo** (s)	[vrʒiːdlo]
lac (m)	**jezero** (s)	[jɛzɛro]
plaine (f)	**rovina** (ž)	[rovɪna]
paysage (m)	**krajina** (ž)	[krajɪna]
écho (m)	**ozvěna** (ž)	[ozvena]
alpiniste (m)	**horolezec** (m)	[horolɛzɛts]
varappeur (m)	**horolezec** (m)	[horolɛzɛts]
conquérir (vt)	**dobývat**	[dobiːvat]
ascension (f)	**výstup** (m)	[viːstup]

80. Les noms des chaînes de montagne

Alpes (f pl)	**Alpy** (mn)	[alpɪ]
Mont Blanc (m)	**Mont Blanc** (m)	[monblaŋ]
Pyrénées (f pl)	**Pyreneje** (mn)	[pɪrɛnɛjɛ]
Carpates (f pl)	**Karpaty** (mn)	[karpatɪ]
Monts Oural (m pl)	**Ural** (m)	[ural]
Caucase (m)	**Kavkaz** (m)	[kafkaz]
Elbrous (m)	**Elbrus** (m)	[ɛlbrus]
Altaï (m)	**Altaj** (m)	[altaj]
Tian Chan (m)	**Ťan-šan** (ž)	[tʲan-ʃan]
Pamir (m)	**Pamír** (m)	[pamiːr]
Himalaya (m)	**Himaláje** (mn)	[hɪmalaːjɛ]
Everest (m)	**Mount Everest** (m)	[mount ɛvɛrɛst]
Andes (f pl)	**Andy** (mn)	[andɪ]
Kilimandjaro (m)	**Kilimandžáro** (s)	[kɪlɪmandʒaːro]

81. Les fleuves

rivière (f), fleuve (m)	**řeka** (ž)	[rʒɛka]
source (f)	**pramen** (m)	[pramɛn]
lit (m) (d'une rivière)	**koryto** (s)	[korɪto]
bassin (m)	**povodí** (s)	[povodiː]
se jeter dans ...	**vlévat se**	[vlɛːvat sɛ]
affluent (m)	**přítok** (m)	[prʃiːtok]
rive (f)	**břeh** (m)	[brʒɛx]
courant (m)	**proud** (m)	[prout]
en aval	**po proudu**	[po proudu]
en amont	**proti proudu**	[protɪ proudu]

inondation (f)	povodeň (ž)	[povodɛnʲ]
les grandes crues	záplava (ž)	[za:plava]
déborder (vt)	rozlévat se	[rozlɛ:vat sɛ]
inonder (vt)	zaplavovat	[zaplavovat]

| bas-fond (m) | mělčina (ž) | [mneltʃɪna] |
| rapide (m) | peřej (ž) | [pɛrʒɛj] |

barrage (m)	přehrada (ž)	[prʃɛhrada]
canal (m)	průplav (m)	[pru:plaf]
lac (m) de barrage	vodní nádrž (ž)	[vodni: na:drʃ]
écluse (f)	zdymadlo (s)	[zdɪmadlo]

plan (m) d'eau	vodojem (m)	[vodojɛm]
marais (m)	bažina (ž)	[baʒɪna]
fondrière (f)	slať (ž)	[slatʲ]
tourbillon (m)	vír (m)	[vi:r]

ruisseau (m)	potok (m)	[potok]
potable (adj)	pitný	[pɪtni:]
douce (l'eau ~)	sladký	[slatki:]

| glace (f) | led (m) | [lɛt] |
| être gelé | zamrznout | [zamrznout] |

82. Les noms des fleuves

| Seine (f) | Seina (ž) | [se:na] |
| Loire (f) | Loira (ž) | [loa:ra] |

Tamise (f)	Temže (ž)	[tɛmʒe]
Rhin (m)	Rýn (m)	[ri:n]
Danube (m)	Dunaj (m)	[dunaj]

Volga (f)	Volha (ž)	[volha]
Don (m)	Don (m)	[don]
Lena (f)	Lena (ž)	[lɛna]

| Huang He (m) | Chuang-chež (ž) | [xuan-xɛ] |
| Yangzi Jiang (m) | Jang-c'-tʲiang (ž) | [jang-ʦɛ-tʲang] |

| Mékong (m) | Mekong (m) | [mɪɛkong] |
| Gange (m) | Ganga (ž) | [ganga] |

Nil (m)	Nil (m)	[nɪl]
Congo (m)	Kongo (s)	[kongo]
Okavango (m)	Okavango (s)	[okavango]
Zambèze (m)	Zambezi (ž)	[zambɛzɪ]
Limpopo (m)	Limpopo (s)	[lɪmpopo]
Mississippi (m)	Mississippi (ž)	[mɪsɪsɪpɪ]

83. La forêt

| forêt (f) | les (m) | [lɛs] |
| forestier (adj) | lesní | [lɛsni:] |

fourré (m)	houština (ž)	[houʃtɪna]
bosquet (m)	háj (m)	[ha:j]
clairière (f)	mýtina (ž)	[mi:tɪna]

| broussailles (f pl) | houští (s) | [houʃti:] |
| taillis (m) | křoví (s) | [krʃovi:] |

| sentier (m) | stezka (ž) | [stɛska] |
| ravin (m) | rokle (ž) | [roklɛ] |

arbre (m)	strom (m)	[strom]
feuille (f)	list (m)	[lɪst]
feuillage (m)	listí (s)	[lɪsti:]

chute (f) de feuilles	padání (s) listí	[pada:ni: lɪsti:]
tomber (feuilles)	opadávat	[opada:vat]
sommet (m)	vrchol (m)	[vrxol]

rameau (m)	větev (ž)	[vetɛf]
branche (f)	suk (m)	[suk]
bourgeon (m)	pupen (m)	[pupɛn]
aiguille (f)	jehla (ž)	[jɛhla]
pomme (f) de pin	šiška (ž)	[ʃɪʃka]

creux (m)	dutina (ž)	[dutɪna]
nid (m)	hnízdo (s)	[hni:zdo]
terrier (m) (~ d'un renard)	doupě (s)	[doupe]

tronc (m)	kmen (m)	[kmɛn]
racine (f)	kořen (m)	[korʒɛn]
écorce (f)	kůra (ž)	[ku:ra]
mousse (f)	mech (m)	[mɛx]

déraciner (vt)	klučit	[klutʃɪt]
abattre (un arbre)	kácet	[ka:tsɛt]
déboiser (vt)	odlesnit	[odlesnɪt]
souche (f)	pařez (m)	[parʒɛz]

feu (m) de bois	oheň (m)	[ohɛnʲ]
incendie (m)	požár (m)	[poʒa:r]
éteindre (feu)	hasit	[hasɪt]

garde (m) forestier	hajný (m)	[hajni:]
protection (f)	ochrana (ž)	[oxrana]
protéger (vt)	chránit	[xra:nɪt]
braconnier (m)	pytlák (m)	[pɪtla:k]

piège (m) à mâchoires	**past** (ž)	[past]
cueillir (vt)	**sbírat**	[zbiːrat]
s'égarer (vp)	**zabloudit**	[zabloudɪt]

84. Les ressources naturelles

ressources (f pl) naturelles	**přírodní zdroje** (m mn)	[prʃiːrodni: zdrojɛ]
minéraux (m pl)	**užitkové nerosty** (m mn)	[uʒɪtkovɛː nɛrostɪ]
gisement (m)	**ložisko** (s)	[loʒɪsko]
champ (m) (~ pétrolifère)	**naleziště** (s)	[nalezɪʃte]
extraire (vt)	**dobývat**	[dobiːvat]
extraction (f)	**těžba** (ž)	[teʒba]
minerai (m)	**ruda** (ž)	[ruda]
mine (f) (site)	**důl** (m)	[duːl]
puits (m) de mine	**šachta** (ž)	[ʃaxta]
mineur (m)	**horník** (m)	[horniːk]
gaz (m)	**plyn** (m)	[plɪn]
gazoduc (m)	**plynovod** (m)	[plɪnovot]
pétrole (m)	**ropa** (ž)	[ropa]
pipeline (m)	**ropovod** (m)	[ropovot]
tour (f) de forage	**ropová věž** (ž)	[ropova: veʃ]
derrick (m)	**vrtná věž** (ž)	[vrtna: veʃ]
pétrolier (m)	**tanková loď** (ž)	[taŋkova: lotʲ]
sable (m)	**písek** (m)	[piːsɛk]
calcaire (m)	**vápenec** (m)	[vaːpɛnɛts]
gravier (m)	**štěrk** (m)	[ʃterk]
tourbe (f)	**rašelina** (ž)	[raʃɛlɪna]
argile (f)	**hlína** (ž)	[hliːna]
charbon (m)	**uhlí** (s)	[uhliː]
fer (m)	**železo** (s)	[ʒelɛzo]
or (m)	**zlato** (s)	[zlato]
argent (m)	**stříbro** (s)	[strʃiːbro]
nickel (m)	**nikl** (m)	[nɪkl]
cuivre (m)	**měď** (ž)	[mnetʲ]
zinc (m)	**zinek** (m)	[zɪnɛk]
manganèse (m)	**mangan** (m)	[mangɑn]
mercure (m)	**rtuť** (ž)	[rtutʲ]
plomb (m)	**olovo** (s)	[olovo]
minéral (m)	**minerál** (m)	[mɪnɛraːl]
cristal (m)	**krystal** (m)	[krɪstal]
marbre (m)	**mramor** (m)	[mramor]
uranium (m)	**uran** (m)	[uran]

85. Le temps

temps (m)	počasí (s)	[potʃasi:]
météo (f)	předpověď (ž) počasí	[prʃɛtpovetⁱ potʃasi:]
température (f)	teplota (ž)	[tɛplota]
thermomètre (m)	teploměr (m)	[tɛplomner]
baromètre (m)	barometr (m)	[baromɛtr]
humidité (f)	vlhkost (ž)	[vlxkost]
chaleur (f) (canicule)	horko (s)	[horko]
torride (adj)	horký	[horki:]
il fait très chaud	horko	[horko]
il fait chaud	teplo	[tɛplo]
chaud (modérément)	teplý	[tɛpli:]
il fait froid	je zima	[jɛ zɪma]
froid (adj)	studený	[studɛni:]
soleil (m)	slunce (s)	[sluntsɛ]
briller (soleil)	svítit	[svi:tɪt]
ensoleillé (jour ~)	slunečný	[slunɛtʃni:]
se lever (vp)	vzejít	[vzɛji:t]
se coucher (vp)	zapadnout	[zapadnout]
nuage (m)	mrak (m)	[mrak]
nuageux (adj)	oblačný	[oblatʃni:]
nuée (f)	mračno (s)	[mratʃno]
sombre (adj)	pochmurný	[poxmurni:]
pluie (f)	déšť (m)	[dɛ:ʃtⁱ]
il pleut	prší	[prʃi:]
pluvieux (adj)	deštivý	[dɛʃtɪvi:]
bruiner (v imp)	mrholit	[mrholɪt]
pluie (f) torrentielle	liják (m)	[lɪja:k]
averse (f)	liják (m)	[lɪja:k]
forte (la pluie ~)	silný	[sɪlni:]
flaque (f)	kaluž (ž)	[kaluʃ]
se faire mouiller	moknout	[moknout]
brouillard (m)	mlha (ž)	[mlha]
brumeux (adj)	mlhavý	[mlhavi:]
neige (f)	sníh (m)	[sni:x]
il neige	sněží	[snɛʒi:]

86. Les intempéries. Les catastrophes naturelles

orage (m)	bouřka (ž)	[bourʃka]
éclair (m)	blesk (m)	[blɛsk]

éclater (foudre)	**blýskat se**	[bliːskat sɛ]
tonnerre (m)	**hřmění** (s)	[hrʒmneniː]
gronder (tonnerre)	**hřmít**	[hrʒmiːt]
le tonnerre gronde	**hřmí**	[hrʒmiː]
grêle (f)	**kroupy** (ž mn)	[kroupɪ]
il grêle	**padají kroupy**	[padajiː kroupɪ]
inonder (vt)	**zaplavit**	[zaplavɪt]
inondation (f)	**povodeň** (ž)	[povodɛnʲ]
tremblement (m) de terre	**zemětřesení** (s)	[zɛmnetrʃɛsɛniː]
secousse (f)	**otřes** (m)	[otrʃɛs]
épicentre (m)	**epicentrum** (s)	[ɛpɪtsɛntrum]
éruption (f)	**výbuch** (m)	[viːbux]
lave (f)	**láva** (ž)	[laːva]
tourbillon (m)	**smršť** (ž)	[smrʃtʲ]
tornade (f)	**tornádo** (s)	[tornaːdo]
typhon (m)	**tajfun** (m)	[tajfun]
ouragan (m)	**hurikán** (m)	[hurɪkaːn]
tempête (f)	**bouřka** (ž)	[bourʃka]
tsunami (m)	**tsunami** (s)	[tsunamɪ]
cyclone (m)	**cyklón** (m)	[tsiklоːn]
intempéries (f pl)	**nečas** (m)	[nɛtʃas]
incendie (m)	**požár** (m)	[poʒaːr]
catastrophe (f)	**katastrofa** (ž)	[katastrofa]
météorite (m)	**meteorit** (m)	[mɛtɛorɪt]
avalanche (f)	**lavina** (ž)	[lavɪna]
éboulement (m)	**lavina** (ž)	[lavɪna]
blizzard (m)	**metelice** (ž)	[mɛtɛlɪtsɛ]
tempête (f) de neige	**vánice** (ž)	[vaːnɪtsɛ]

LA FAUNE

T&P Books Publishing

prédateur (m)	**šelma** (ž)	[ʃɛlma]
tigre (m)	**tygr** (m)	[tɪgr]
lion (m)	**lev** (m)	[lɛf]
loup (m)	**vlk** (m)	[vlk]
renard (m)	**liška** (ž)	[lɪʃka]
jaguar (m)	**jaguár** (m)	[jagua:r]
léopard (m)	**levhart** (m)	[lɛvhart]
guépard (m)	**gepard** (m)	[gɛpart]
panthère (f)	**panter** (m)	[pantɛr]
puma (m)	**puma** (ž)	[puma]
léopard (m) de neiges	**pardál** (m)	[parda:l]
lynx (m)	**rys** (m)	[rɪs]
coyote (m)	**kojot** (m)	[kojot]
chacal (m)	**šakal** (m)	[ʃakal]
hyène (f)	**hyena** (ž)	[hɪena]

animal (m)	**zvíře** (s)	[zvi:rʒɛ]
bête (f)	**zvíře** (s)	[zvi:rʒɛ]
écureuil (m)	**veverka** (ž)	[vɛvɛrka]
hérisson (m)	**ježek** (m)	[jɛʒek]
lièvre (m)	**zajíc** (m)	[zaji:ts]
lapin (m)	**králík** (m)	[kra:li:k]
blaireau (m)	**jezevec** (m)	[jɛzɛvɛts]
raton (m)	**mýval** (m)	[mi:val]
hamster (m)	**křeček** (m)	[krʃɛtʃɛk]
marmotte (f)	**svišť** (m)	[svɪʃtʲ]
taupe (f)	**krtek** (m)	[krtɛk]
souris (f)	**myš** (ž)	[mɪʃ]
rat (m)	**krysa** (ž)	[krɪsa]
chauve-souris (f)	**netopýr** (m)	[nɛtopi:r]
hermine (f)	**hranostaj** (m)	[hranostaj]
zibeline (f)	**sobol** (m)	[sobol]
martre (f)	**kuna** (ž)	[kuna]

| belette (f) | lasice (ž) | [lasɪtsɛ] |
| vison (m) | norek (m) | [norɛk] |

| castor (m) | bobr (m) | [bobr] |
| loutre (f) | vydra (ž) | [vɪdra] |

cheval (m)	kůň (m)	[kuːnʲ]
élan (m)	los (m)	[los]
cerf (m)	jelen (m)	[jɛlɛn]
chameau (m)	velbloud (m)	[vɛlblout]

bison (m)	bizon (m)	[bɪzon]
aurochs (m)	zubr (m)	[zubr]
buffle (m)	buvol (m)	[buvol]

zèbre (m)	zebra (ž)	[zɛbra]
antilope (f)	antilopa (ž)	[antɪlopa]
chevreuil (m)	srnka (ž)	[srŋka]
biche (f)	daněk (m)	[danek]
chamois (m)	kamzík (m)	[kamziːk]
sanglier (m)	vepř (m)	[vɛprʃ]

baleine (f)	velryba (ž)	[vɛlrɪba]
phoque (m)	tuleň (m)	[tulɛnʲ]
morse (m)	mrož (m)	[mroʃ]
ours (m) de mer	lachtan (m)	[laxtan]
dauphin (m)	delfín (m)	[dɛlfiːn]

ours (m)	medvěd (m)	[mɛdvet]
ours (m) blanc	bílý medvěd (m)	[biːliː mɛdvet]
panda (m)	panda (ž)	[panda]

singe (m)	opice (ž)	[opɪtsɛ]
chimpanzé (m)	šimpanz (m)	[ʃɪmpanz]
orang-outang (m)	orangutan (m)	[orangutan]
gorille (m)	gorila (ž)	[gorɪla]
macaque (m)	makak (m)	[makak]
gibbon (m)	gibon (m)	[gɪbon]

| éléphant (m) | slon (m) | [slon] |
| rhinocéros (m) | nosorožec (m) | [nosoroʒets] |

| girafe (f) | žirafa (ž) | [ʒɪrafa] |
| hippopotame (m) | hroch (m) | [hrox] |

| kangourou (m) | klokan (m) | [klokan] |
| koala (m) | koala (ž) | [koala] |

mangouste (f)	promyka (ž) indická	[promɪka ɪndɪtska:]
chinchilla (m)	činčila (ž)	[tʃɪntʃɪla]
mouffette (f)	skunk (m)	[skuŋk]
porc-épic (m)	dikobraz (m)	[dɪkobras]

89. Les animaux domestiques

chat (m) (femelle)	kočka (ž)	[kotʃka]
chat (m) (mâle)	kocour (m)	[kotsour]
chien (m)	pes (m)	[pɛs]
cheval (m)	kůň (m)	[ku:nʲ]
étalon (m)	hřebec (m)	[hrʒɛbɛts]
jument (f)	kobyla (ž)	[kobɪla]
vache (f)	kráva (ž)	[kra:va]
taureau (m)	býk (m)	[bi:k]
bœuf (m)	vůl (m)	[vu:l]
brebis (f)	ovce (ž)	[ovtsɛ]
mouton (m)	beran (m)	[bɛran]
chèvre (f)	koza (ž)	[koza]
bouc (m)	kozel (m)	[kozɛl]
âne (m)	osel (m)	[osɛl]
mulet (m)	mul (m)	[mul]
cochon (m)	prase (s)	[prasɛ]
pourceau (m)	prasátko (s)	[prasa:tko]
lapin (m)	králík (m)	[kra:li:k]
poule (f)	slepice (ž)	[slɛpɪtsɛ]
coq (m)	kohout (m)	[kohout]
canard (m)	kachna (ž)	[kaxna]
canard (m) mâle	kačer (m)	[katʃɛr]
oie (f)	husa (ž)	[husa]
dindon (m)	krocan (m)	[krotsan]
dinde (f)	krůta (ž)	[kru:ta]
animaux (m pl) domestiques	domácí zvířata (s mn)	[doma:tsi zvi:rʒata]
apprivoisé (adj)	ochočený	[oxotʃɛni:]
apprivoiser (vt)	ochočovat	[oxotʃovat]
élever (vt)	chovat	[xovat]
ferme (f)	farma (ž)	[farma]
volaille (f)	drůbež (ž)	[dru:bɛʃ]
bétail (m)	dobytek (m)	[dobɪtɛk]
troupeau (m)	stádo (s)	[sta:do]
écurie (f)	stáj (ž)	[sta:j]
porcherie (f)	veprín (m)	[vɛprʃi:n]
vacherie (f)	kravín (m)	[kravi:n]
cabane (f) à lapins	králíkárna (ž)	[kra:li:ka:rna]
poulailler (m)	kurník (m)	[kurni:k]

90. Les oiseaux

oiseau (m)	pták (m)	[pta:k]
pigeon (m)	holub (m)	[holup]
moineau (m)	vrabec (m)	[vrabɛts]
mésange (f)	sýkora (ž)	[si:kora]
pie (f)	straka (ž)	[straka]
corbeau (m)	havran (m)	[havran]
corneille (f)	vrána (ž)	[vra:na]
choucas (m)	kavka (ž)	[kafka]
freux (m)	polní havran (m)	[polni: havran]
canard (m)	kachna (ž)	[kaxna]
oie (f)	husa (ž)	[husa]
faisan (m)	bažant (m)	[baʒant]
aigle (m)	orel (m)	[orɛl]
épervier (m)	jestřáb (m)	[jɛstrʃa:p]
faucon (m)	sokol (m)	[sokol]
vautour (m)	sup (m)	[sup]
condor (m)	kondor (m)	[kondor]
cygne (m)	labuť (ž)	[labutʲ]
grue (f)	jeřáb (m)	[jɛrʒa:p]
cigogne (f)	čáp (m)	[tʃa:p]
perroquet (m)	papoušek (m)	[papouʃɛk]
colibri (m)	kolibřík (m)	[kolɪbrʒi:k]
paon (m)	páv (m)	[pa:f]
autruche (f)	pštros (m)	[pʃtros]
héron (m)	volavka (ž)	[volafka]
flamant (m)	plameňák (m)	[plamɛnʲa:k]
pélican (m)	pelikán (m)	[pɛlɪka:n]
rossignol (m)	slavík (m)	[slavi:k]
hirondelle (f)	vlaštovka (ž)	[vlaʃtofka]
merle (m)	drozd (m)	[drozt]
grive (f)	zpěvný drozd (m)	[spevni: drozt]
merle (m) noir	kos (m)	[kos]
martinet (m)	rorejs (m)	[rorɛjs]
alouette (f) des champs	skřivan (m)	[skrʃɪvan]
caille (f)	křepel (m)	[krʃɛpɛl]
pivert (m)	datel (m)	[datɛl]
coucou (m)	kukačka (ž)	[kukatʃka]
chouette (f)	sova (ž)	[sova]
hibou (m)	výr (m)	[vi:r]

tétras (m)	tetřev (m) hlušec	[tɛtrʃɛv hluʃɛʦ]
tétras-lyre (m)	tetřev (m)	[tɛtrʃɛf]
perdrix (f)	koroptev (ž)	[koroptɛf]

étourneau (m)	špaček (m)	[ʃpatʃɛk]
canari (m)	kanár (m)	[kana:r]
gélinotte (f) des bois	jeřábek (m)	[jɛrʒa:bɛk]
pinson (m)	pěnkava (ž)	[peŋkava]
bouvreuil (m)	hejl (m)	[hɛjl]

mouette (f)	racek (m)	[raʦɛk]
albatros (m)	albatros (m)	[albatros]
pingouin (m)	tučňák (m)	[tutʃnʲa:k]

91. Les poissons. Les animaux marins

brème (f)	cejn (m)	[ʦɛjn]
carpe (f)	kapr (m)	[kapr]
perche (f)	okoun (m)	[okoun]
silure (m)	sumec (m)	[sumɛʦ]
brochet (m)	štika (ž)	[ʃtɪka]

| saumon (m) | losos (m) | [losos] |
| esturgeon (m) | jeseter (m) | [jɛsɛtɛr] |

hareng (m)	sleď (ž)	[slɛtʲ]
saumon (m) atlantique	losos (m)	[losos]
maquereau (m)	makrela (ž)	[makrɛla]
flet (m)	platýs (m)	[plati:s]

sandre (f)	candát (m)	[ʦanda:t]
morue (f)	treska (ž)	[trɛska]
thon (m)	tuňák (m)	[tunʲa:k]
truite (f)	pstruh (m)	[pstrux]

anguille (f)	úhoř (m)	[u:horʃ]
torpille (f)	rejnok (m) elektrický	[rɛjnok ɛlɛktrɪtski:]
murène (f)	muréna (ž)	[murɛ:na]
piranha (m)	piraňa (ž)	[pɪranʲja]

requin (m)	žralok (m)	[ʒralok]
dauphin (m)	delfín (m)	[dɛlfi:n]
baleine (f)	velryba (ž)	[vɛlrɪba]

crabe (m)	krab (m)	[krap]
méduse (f)	medúza (ž)	[mɛdu:za]
pieuvre (f), poulpe (m)	chobotnice (ž)	[xobotnɪʦɛ]

| étoile (f) de mer | hvězdice (ž) | [hvezdɪʦɛ] |
| oursin (m) | ježovka (ž) | [jɛʒofka] |

hippocampe (m)	mořský koníček (m)	[morʃski: koni:tʃɛk]
huître (f)	ústřice (ž)	[u:strʃɪtsɛ]
crevette (f)	kreveta (ž)	[krɛvɛta]
homard (m)	humr (m)	[humr]
langoustine (f)	langusta (ž)	[langusta]

92. Les amphibiens. Les reptiles

| serpent (m) | had (m) | [hat] |
| venimeux (adj) | jedovatý | [jɛdovati:] |

vipère (f)	zmije (ž)	[zmɪjɛ]
cobra (m)	kobra (ž)	[kobra]
python (m)	krajta (ž)	[krajta]
boa (m)	hroznýš (m)	[hrozni:ʃ]

couleuvre (f)	užovka (ž)	[uʒofka]
serpent (m) à sonnettes	chřestýš (m)	[xrʃɛsti:ʃ]
anaconda (m)	anakonda (ž)	[anakonda]

lézard (m)	ještěrka (ž)	[jɛʃterka]
iguane (m)	leguán (m)	[lɛgua:n]
varan (m)	varan (m)	[varan]
salamandre (f)	mlok (m)	[mlok]
caméléon (m)	chameleón (m)	[xamɛlɛo:n]
scorpion (m)	štír (m)	[ʃti:r]

tortue (f)	želva (ž)	[ʒelva]
grenouille (f)	žába (ž)	[ʒa:ba]
crapaud (m)	ropucha (ž)	[ropuxa]
crocodile (m)	krokodýl (m)	[krokodi:l]

93. Les insectes

insecte (m)	hmyz (m)	[hmɪz]
papillon (m)	motýl (m)	[moti:l]
fourmi (f)	mravenec (m)	[mravɛnɛts]
mouche (f)	moucha (ž)	[mouxa]
moustique (m)	komár (m)	[koma:r]
scarabée (m)	brouk (m)	[brouk]

guêpe (f)	vosa (ž)	[vosa]
abeille (f)	včela (ž)	[vtʃela]
bourdon (m)	čmelák (m)	[tʃmɛla:k]
œstre (m)	střeček (m)	[strʃɛtʃɛk]

| araignée (f) | pavouk (m) | [pavouk] |
| toile (f) d'araignée | pavučina (ž) | [pavutʃɪna] |

181

libellule (f)	**vážka** (ž)	[vaːʃka]
sauterelle (f)	**kobylka** (ž)	[kobɪlka]
papillon (m)	**motýl** (m)	[motiːl]
cafard (m)	**šváb** (m)	[ʃvaːp]
tique (f)	**klíště** (s)	[kliːʃte]
puce (f)	**blecha** (ž)	[blɛxa]
moucheron (m)	**muška** (ž)	[muʃka]
criquet (m)	**saranče** (ž)	[sarantʃɛ]
escargot (m)	**hlemýžď** (m)	[hlɛmiːʒtʲ]
grillon (m)	**cvrček** (m)	[tsvrtʃɛk]
luciole (f)	**svatojánská muška** (ž)	[svatojaːnska: muʃka]
coccinelle (f)	**slunéčko** (s) **sedmitečné**	[slunɛːtʃko sɛdmɪtɛtʃnɛː]
hanneton (m)	**chroust** (m)	[xroust]
sangsue (f)	**piavice** (ž)	[pɪavɪtsɛ]
chenille (f)	**housenka** (ž)	[housɛŋka]
ver (m)	**červ** (m)	[tʃɛrf]
larve (f)	**larva** (ž)	[larva]

T&P BOOKS

LA FLORE

T&P Books Publishing

94. Les arbres

arbre (m)	strom (m)	[strom]
à feuilles caduques	listnatý	[lɪstnati:]
conifère (adj)	jehličnatý	[jɛhlɪtʃnati:]
à feuilles persistantes	stálezelená	[sta:lɛzɛlɛna:]

pommier (m)	jabloň (ž)	[jablonʲ]
poirier (m)	hruška (ž)	[hruʃka]
merisier (m)	třešně (ž)	[trʃɛʃne]
cerisier (m)	višně (ž)	[vɪʃne]
prunier (m)	švestka (ž)	[ʃvɛstka]

bouleau (m)	bříza (ž)	[brʒi:za]
chêne (m)	dub (m)	[dup]
tilleul (m)	lípa (ž)	[li:pa]
tremble (m)	osika (ž)	[osɪka]
érable (m)	javor (m)	[javor]

épicéa (m)	smrk (m)	[smrk]
pin (m)	borovice (ž)	[borovɪtsɛ]
mélèze (m)	modřín (m)	[modrʒi:n]

sapin (m)	jedle (ž)	[jɛdlɛ]
cèdre (m)	cedr (m)	[tsɛdr]

peuplier (m)	topol (m)	[topol]
sorbier (m)	jeřáb (m)	[jɛrʒa:p]

saule (m)	jíva (ž)	[ji:va]
aune (m)	olše (ž)	[olʃɛ]

hêtre (m)	buk (m)	[buk]
orme (m)	jilm (m)	[jɪlm]

frêne (m)	jasan (m)	[jasan]
marronnier (m)	kaštan (m)	[kaʃtan]

magnolia (m)	magnólie (ž)	[magno:lɪe]
palmier (m)	palma (ž)	[palma]
cyprès (m)	cypřiš (m)	[tsɪprʃɪʃ]

palétuvier (m)	mangróvie (ž)	[mangro:vɪe]
baobab (m)	baobab (m)	[baobap]
eucalyptus (m)	eukalypt (m)	[ɛukalɪpt]
séquoia (m)	sekvoje (ž)	[sɛkvojɛ]

95. Les arbustes

buisson (m)	keř (m)	[kɛrʃ]
arbrisseau (m)	křoví (s)	[krʃoviː]
vigne (f)	vinná réva (s)	[vɪnnaː reːva]
vigne (f) (vignoble)	vinice (ž)	[vɪnɪtsɛ]
framboise (f)	maliny (ž mn)	[malɪnɪ]
groseille (f) rouge	červený rybíz (m)	[ʧɛrvɛniː rɪbiːz]
groseille (f) verte	angrešt (m)	[angrɛʃt]
acacia (m)	akácie (ž)	[akaːtsɪe]
berbéris (m)	dřišťál (m)	[drʒɪʃtʲaːl]
jasmin (m)	jasmín (m)	[jasmiːn]
genévrier (m)	jalovec (m)	[jalovɛts]
rosier (m)	růžový keř (m)	[ruːʒoviː kɛrʃ]
églantier (m)	šípek (m)	[ʃiːpɛk]

96. Les fruits. Les baies

pomme (f)	jablko (s)	[jablko]
poire (f)	hruška (ž)	[hruʃka]
prune (f)	švestka (ž)	[ʃvɛstka]
fraise (f)	zahradní jahody (ž mn)	[zahradniː jahodɪ]
cerise (f)	višně (ž)	[vɪʃne]
merise (f)	třešně (ž mn)	[trʃɛʃne]
raisin (m)	hroznové víno (s)	[hroznovɛ viːno]
framboise (f)	maliny (ž mn)	[malɪnɪ]
cassis (m)	černý rybíz (m)	[ʧɛrniː rɪbiːz]
groseille (f) rouge	červený rybíz (m)	[ʧɛrvɛniː rɪbiːz]
groseille (f) verte	angrešt (m)	[angrɛʃt]
canneberge (f)	klikva (ž)	[klɪkva]
orange (f)	pomeranč (m)	[pomɛranʧ]
mandarine (f)	mandarinka (ž)	[mandarɪŋka]
ananas (m)	ananas (m)	[ananas]
banane (f)	banán (m)	[banaːn]
datte (f)	datle (ž)	[datlɛ]
citron (m)	citrón (m)	[tsɪtroːn]
abricot (m)	meruňka (ž)	[mɛruɲka]
pêche (f)	broskev (ž)	[broskɛf]
kiwi (m)	kiwi (s)	[kɪvɪ]
pamplemousse (m)	grapefruit (m)	[grɛjpfruːt]
baie (f)	bobule (ž)	[bobulɛ]

185

baies (f pl)	bobule (ž mn)	[bobulε]
airelle (f) rouge	brusinky (ž mn)	[brusɪŋkɪ]
fraise (f) des bois	jahody (ž mn)	[jahodɪ]
myrtille (f)	borůvky (ž mn)	[boru:fkɪ]

97. Les fleurs. Les plantes

| fleur (f) | květina (ž) | [kvetɪna] |
| bouquet (m) | kytice (ž) | [kɪtɪtsε] |

rose (f)	růže (ž)	[ru:ʒe]
tulipe (f)	tulipán (m)	[tulɪpa:n]
oeillet (m)	karafiát (m)	[karafɪa:t]
glaïeul (m)	mečík (m)	[mεtʃi:k]

bleuet (m)	chrpa (ž)	[xrpa]
campanule (f)	zvoneček (m)	[zvonεtʃεk]
dent-de-lion (f)	pampeliška (ž)	[pampεlɪʃka]
marguerite (f)	heřmánek (m)	[hεrʒma:nεk]

aloès (m)	aloe (s)	[aloε]
cactus (m)	kaktus (m)	[kaktus]
ficus (m)	fíkus (m)	[fi:kus]

lis (m)	lilie (ž)	[lɪlɪe]
géranium (m)	geránie (ž)	[gera:nɪe]
jacinthe (f)	hyacint (m)	[hɪatsɪnt]

mimosa (m)	citlivka (ž)	[tsɪtlɪfka]
jonquille (f)	narcis (m)	[nartsɪs]
capucine (f)	potočnice (ž)	[pototʃnɪtsε]

orchidée (f)	orchidej (ž)	[orxɪdεj]
pivoine (f)	pivoňka (ž)	[pɪvoňka]
violette (f)	fialka (ž)	[fɪalka]

pensée (f)	maceška (ž)	[matsεʃka]
myosotis (m)	pomněnka (ž)	[pomneŋka]
pâquerette (f)	sedmikráska (ž)	[sεdmɪkra:ska]

coquelicot (m)	mák (m)	[ma:k]
chanvre (m)	konopě (ž)	[konopε]
menthe (f)	máta (ž)	[ma:ta]

| muguet (m) | konvalinka (ž) | [konvalɪŋka] |
| perce-neige (f) | sněženka (ž) | [sneʒeŋka] |

ortie (f)	kopřiva (ž)	[koprʃɪva]
oseille (f)	šťovík (m)	[ʃtʲovi:k]
nénuphar (m)	leknín (m)	[lεkni:n]

| fougère (f) | kapradí (s) | [kapradi:] |
| lichen (m) | lišejník (m) | [lɪʃɛjniːk] |

serre (f) tropicale	oranžérie (ž)	[oranʒeːrɪe]
gazon (m)	trávník (m)	[traːvniːk]
parterre (m) de fleurs	květinový záhonek (m)	[kvetɪnoviː zaːhonɛk]

plante (f)	rostlina (ž)	[rostlɪna]
herbe (f)	tráva (ž)	[traːva]
brin (m) d'herbe	stéblo (s) trávy	[stɛːblo traːvɪ]

feuille (f)	list (m)	[lɪst]
pétale (m)	okvětní lístek (m)	[okvetni: liːstɛk]
tige (f)	stéblo (s)	[stɛːblo]
tubercule (m)	hlíza (ž)	[hliːza]

| pousse (f) | výhonek (m) | [viːhonɛk] |
| épine (f) | osten (m) | [ostɛn] |

fleurir (vi)	kvést	[kvɛːst]
se faner (vp)	vadnout	[vadnout]
odeur (f)	vůně (ž)	[vuːne]
couper (vt)	uříznout	[urʒiːznout]
cueillir (fleurs)	utrhnout	[utrhnout]

98. Les céréales

grains (m pl)	obilí (s)	[obɪli:]
céréales (f pl) (plantes)	obilniny (ž mn)	[obɪlnɪnɪ]
épi (m)	klas (m)	[klas]

blé (m)	pšenice (ž)	[pʃɛnɪtsɛ]
seigle (m)	žito (s)	[ʒɪto]
avoine (f)	oves (m)	[ovɛs]
millet (m)	jáhly (ž mn)	[ja:hlɪ]
orge (f)	ječmen (m)	[jɛtʃmɛn]

maïs (m)	kukuřice (ž)	[kukurʒɪtsɛ]
riz (m)	rýže (ž)	[ri:ʒe]
sarrasin (m)	pohanka (ž)	[pohaŋka]

pois (m)	hrách (m)	[hra:x]
haricot (m)	fazole (ž)	[fazolɛ]
soja (m)	sója (ž)	[so:ja]
lentille (f)	čočka (ž)	[tʃotʃka]
fèves (f pl)	boby (m mn)	[bobɪ]

LES PAYS DU MONDE

T&P Books Publishing

Afghanistan (m)	Afghánistán (m)	[afga:nɪsta:n]
Albanie (f)	Albánie (ž)	[alba:nɪe]
Allemagne (f)	Německo (s)	[nemɛtsko]
Angleterre (f)	Anglie (ž)	[anglɪe]
Arabie (f) Saoudite	Saúdská Arábie (ž)	[sau:dska: ara:bɪe]
Argentine (f)	Argentina (ž)	[argɛntɪna]
Arménie (f)	Arménie (ž)	[armɛ:nɪe]
Australie (f)	Austrálie (ž)	[austra:lɪe]
Autriche (f)	Rakousko (s)	[rakousko]
Azerbaïdjan (m)	Ázerbájdžán (m)	[a:zɛrba:jdʒa:n]

Bahamas (f pl)	Bahamy (ž mn)	[bahamɪ]
Bangladesh (m)	Bangladéš (m)	[bangladɛ:ʃ]
Belgique (f)	Belgie (ž)	[bɛlgɪe]
Biélorussie (f)	Bělorusko (s)	[belorusko]
Bolivie (f)	Bolívie (ž)	[boli:vɪe]
Bosnie (f)	Bosna a Hercegovina (ž)	[bosna a hɛrtsɛgovɪna]
Brésil (m)	Brazílie (ž)	[brazi:lɪe]
Bulgarie (f)	Bulharsko (s)	[bulharsko]
Cambodge (m)	Kambodža (ž)	[kambodʒa]
Canada (m)	Kanada (ž)	[kanada]
Chili (m)	Chile (s)	[tʃɪle]
Chine (f)	Čína (ž)	[tʃi:na]
Chypre (m)	Kypr (m)	[kɪpr]
Colombie (f)	Kolumbie (ž)	[kolumbɪe]
Corée (f) du Nord	Severní Korea (ž)	[severni: korɛa]
Corée (f) du Sud	Jižní Korea (ž)	[jɪʒni: korɛa]
Croatie (f)	Chorvatsko (s)	[xorvatsko]
Cuba (f)	Kuba (ž)	[kuba]

Danemark (m)	Dánsko (s)	[da:nsko]
Écosse (f)	Skotsko (s)	[skotsko]
Égypte (f)	Egypt (m)	[ɛgɪpt]
Équateur (m)	Ekvádor (m)	[ɛkva:dor]
Espagne (f)	Španělsko (s)	[ʃpanelsko]
Estonie (f)	Estonsko (s)	[ɛstonsko]
Les États Unis	Spojené státy (m mn) americké	[spojɛnɛ: sta:tɪ amɛrɪtskɛ:]

Fédération (f) des Émirats Arabes Unis	Spojené arabské emiráty (m mn)	[spojɛnɛ: arapskɛ: ɛmɪra:tɪ]
Finlande (f)	Finsko (s)	[fɪnsko]
France (f)	Francie (ž)	[frantsɪe]
Géorgie (f)	Gruzie (ž)	[gruzɪe]

Ghana (m)	Ghana (ž)	[gana]
Grande-Bretagne (f)	Velká Británie (ž)	[vɛlka: brɪta:nɪe]
Grèce (f)	Řecko (s)	[r̝ɛtsko]

100. Les pays du monde. Partie 2

| Haïti (m) | Haiti (s) | [haɪtɪ] |
| Hongrie (f) | Maďarsko (s) | [madʲarsko] |

Inde (f)	Indie (ž)	[ɪndɪe]
Indonésie (f)	Indonésie (ž)	[ɪndonɛ:zɪe]
Iran (m)	Írán (m)	[i:ra:n]
Iraq (m)	Irák (m)	[ɪra:k]
Irlande (f)	Irsko (s)	[ɪrsko]
Islande (f)	Island (m)	[ɪslant]
Israël (m)	Izrael (m)	[ɪzraɛl]
Italie (f)	Itálie (ž)	[ɪta:lɪe]

Jamaïque (f)	Jamajka (ž)	[jamajka]
Japon (m)	Japonsko (s)	[japonsko]
Jordanie (f)	Jordánsko (s)	[jorda:nsko]
Kazakhstan (m)	Kazachstán (m)	[kazaxsta:n]
Kenya (m)	Keňa (ž)	[kɛnʲa]
Kirghizistan (m)	Kyrgyzstán (m)	[kɪrgɪsta:n]
Koweït (m)	Kuvajt (m)	[kuvajt]
Laos (m)	Laos (m)	[laos]
Lettonie (f)	Lotyšsko (s)	[lotɪʃsko]
Liban (m)	Libanon (m)	[lɪbanon]
Libye (f)	Libye (ž)	[lɪbɪe]
Liechtenstein (m)	Lichtenštejnsko (s)	[lɪxtɛnʃtɛjnsko]
Lituanie (f)	Litva (ž)	[lɪtva]
Luxembourg (m)	Lucembursko (s)	[luʦɛmbursko]

Macédoine (f)	Makedonie (ž)	[makɛdonɪe]
Madagascar (f)	Madagaskar (m)	[madagaskar]
Malaisie (f)	Malajsie (ž)	[malajzɪe]
Malte (f)	Malta (ž)	[malta]
Maroc (m)	Maroko (s)	[maroko]
Mexique (m)	Mexiko (s)	[mɛksɪko]
Moldavie (f)	Moldavsko (s)	[moldavsko]

Monaco (m)	Monako (s)	[monako]
Mongolie (f)	Mongolsko (s)	[mongolsko]
Monténégro (m)	Černá Hora (ž)	[ʧɛrna: hora]
Myanmar (m)	Barma (ž)	[barma]
Namibie (f)	Namibie (ž)	[namɪbɪe]
Népal (m)	Nepál (m)	[nɛpa:l]
Norvège (f)	Norsko (s)	[norsko]
Nouvelle Zélande (f)	Nový Zéland (m)	[novi: zɛ:lant]
Ouzbékistan (m)	Uzbekistán (m)	[uzbɛkɪsta:n]

101. Les pays du monde. Partie 3

Pakistan (m)	Pákistán (m)	[paːkɪstaːn]
Palestine (f)	Palestinská autonomie (ž)	[palɛstɪnskaː autonomɪe]
Panamá (m)	Panama (ž)	[panama]
Paraguay (m)	Paraguay (ž)	[paragvaj]
Pays-Bas (m)	Nizozemí (s)	[nɪzozɛmiː]

Pérou (m)	Peru (s)	[pɛru]
Pologne (f)	Polsko (s)	[polsko]
Polynésie (f) Française	Francouzská Polynésie (ž)	[frantsouskaː polɪnɛːzɪe]
Portugal (m)	Portugalsko (s)	[portugalsko]

République (f) Dominicaine	Dominikánská republika (ž)	[domɪnɪkaːnska: rɛpublɪka]
République (f) Sud-africaine	Jihoafrická republika (ž)	[jɪhoafrɪtska: rɛpublɪka]
République (f) Tchèque	Česko (s)	[ʧɛsko]
Roumanie (f)	Rumunsko (s)	[rumunsko]
Russie (f)	Rusko (s)	[rusko]

Sénégal (m)	Senegal (m)	[sɛnɛgal]
Serbie (f)	Srbsko (s)	[srpsko]
Slovaquie (f)	Slovensko (s)	[slovɛnsko]
Slovénie (f)	Slovinsko (s)	[slovɪnsko]
Suède (f)	Švédsko (s)	[ʃvɛːtsko]
Suisse (f)	Švýcarsko (s)	[ʃviːtsarsko]
Surinam (m)	Surinam (m)	[surɪnam]
Syrie (f)	Sýrie (ž)	[siːrɪe]

Tadjikistan (m)	Tádžikistán (m)	[taːdʒɪkɪstaːn]
Taïwan (m)	Tchaj-wan (m)	[tajvan]
Tanzanie (f)	Tanzanie (ž)	[tanzanɪe]
Tasmanie (f)	Tasmánie (ž)	[tasmaːnɪe]
Thaïlande (f)	Thajsko (s)	[tajsko]
Tunisie (f)	Tunisko (s)	[tunɪsko]
Turkménistan (m)	Turkmenistán (m)	[turkmɛnɪstaːn]
Turquie (f)	Turecko (s)	[turɛtsko]

Ukraine (f)	Ukrajina (ž)	[ukrajɪna]
Uruguay (m)	Uruguay (ž)	[urugvaj]
Vatican (m)	Vatikán (m)	[vatɪkaːn]
Venezuela (f)	Venezuela (ž)	[vɛnɛzuɛla]
Vietnam (m)	Vietnam (m)	[vjɛtnam]
Zanzibar (m)	Zanzibar (m)	[zanzɪbar]

GLOSSAIRE GASTRONOMIQUE

Cette section contient
beaucoup de mots associés
à la nourriture. Ce dictionnaire
vous facilitera la tâche
de comprendre le menu
et de commander le bon plat
au restaurant

T&P Books Publishing

Français	Tchèque	Prononciation
épi (m)	klas (m)	[klas]
épice (f)	koření (s)	[korʒɛni:]
épinard (m)	špenát (m)	[ʃpɛna:t]
œuf (m)	vejce (s)	[vɛjtsɛ]
abricot (m)	meruňka (ž)	[mɛruɲka]
addition (f)	účet (m)	[u:tʃɛt]
ail (m)	česnek (m)	[tʃɛsnɛk]
airelle (f) rouge	brusinky (ž mn)	[brusɪŋkɪ]
amande (f)	mandle (ž)	[mandlɛ]
amanite (f) tue-mouches	muchomůrka (ž) červená	[muxomu:rka tʃɛrvɛna:]
amer (adj)	hořký	[horʃki:]
ananas (m)	ananas (m)	[ananas]
anguille (f)	úhoř (m)	[u:horʃ]
anis (m)	anýz (m)	[ani:z]
apéritif (m)	aperitiv (m)	[apɛrɪtɪf]
appétit (m)	chuť (ž) k jídlu	[xutʲ k ji:dlu]
arrière-goût (m)	příchuť (ž)	[prʃi:xutʲ]
artichaut (m)	artyčok (m)	[artɪtʃok]
asperge (f)	chřest (m)	[xrʃɛst]
assiette (f)	talíř (m)	[tali:rʃ]
aubergine (f)	lilek (m)	[lɪlɛk]
avec de la glace	s ledem	[s lɛdɛm]
avocat (m)	avokádo (s)	[avoka:do]
avoine (f)	oves (m)	[ovɛs]
bacon (m)	slanina (ž)	[slanɪna]
baie (f)	bobule (ž)	[bobulɛ]
baies (f pl)	bobule (ž mn)	[bobulɛ]
banane (f)	banán (m)	[bana:n]
bar (m)	bar (m)	[bar]
barman (m)	barman (m)	[barman]
basilic (m)	bazalka (ž)	[bazalka]
betterave (f)	červená řepa (ž)	[tʃɛrvɛna: rʒɛpa]
beurre (m)	máslo (s)	[ma:slo]
bière (f)	pivo (s)	[pɪvo]
bière (f) blonde	světlé pivo (s)	[svetlɛ: pɪvo]
bière (f) brune	tmavé pivo (s)	[tmavɛ: pɪvo]
biscuit (m)	sušenky (ž mn)	[suʃɛŋkɪ]
blé (m)	pšenice (ž)	[pʃɛnɪtsɛ]
blanc (m) d'œuf	bílek (m)	[bi:lɛk]
boisson (f) non alcoolisée	nealkoholický nápoj (m)	[nɛalkoholɪtski: na:poj]
boissons (f pl) alcoolisées	alkoholické nápoje (m mn)	[alkoholɪtskɛ: na:pojɛ]
bolet (m) bai	kozák (m)	[koza:k]

bolet (m) orangé	křemenáč (m)	[krʃɛmɛna:tʃ]
bon (adj)	chutný	[xutni:]
Bon appétit!	Dobrou chuť!	[dobrou xutⁱ]
bonbon (m)	bonbón (m)	[bonbo:n]
bouillie (f)	kaše (ž)	[kaʃɛ]
bouillon (m)	vývar (m)	[vi:var]
brème (f)	cejn (m)	[ʦɛjn]
brochet (m)	štika (ž)	[ʃtɪka]
brocoli (m)	brokolice (ž)	[brokolɪʦɛ]
cèpe (m)	hřib (m)	[hrʒɪp]
céleri (m)	celer (m)	[ʦɛlɛr]
céréales (f pl)	obilniny (ž mn)	[obɪlnɪnɪ]
cacahuète (f)	burský oříšek (m)	[burski: orʒi:ʃɛk]
café (m)	káva (ž)	[ka:va]
café (m) au lait	bílá káva (ž)	[bi:la: ka:va]
café (m) noir	černá káva (ž)	[tʃɛrna: ka:va]
café (m) soluble	rozpustná káva (ž)	[rozpustna: ka:va]
calamar (m)	sépie (ž)	[sɛ:pɪe]
calorie (f)	kalorie (ž)	[kalorɪe]
canard (m)	kachna (ž)	[kaxna]
canneberge (f)	klikva (ž)	[klɪkva]
cannelle (f)	skořice (ž)	[skorʒɪʦɛ]
cappuccino (m)	kapučíno (s)	[kaputʃi:no]
carotte (f)	mrkev (ž)	[mrkɛf]
carpe (f)	kapr (m)	[kapr]
carte (f)	jídelní lístek (m)	[ji:dɛlni: li:stɛk]
carte (f) des vins	nápojový lístek (m)	[na:pojovi: li:stɛk]
cassis (m)	černý rybíz (m)	[tʃɛrni: rɪbi:z]
caviar (m)	kaviár (m)	[kavɪa:r]
cerise (f)	višně (ž)	[vɪʃne]
champagne (m)	šampaňské (s)	[ʃampanⁱskɛ:]
champignon (m)	houba (ž)	[houba]
champignon (m) comestible	jedlá houba (ž)	[jɛdla: houba]
champignon (m) vénéneux	jedovatá houba (ž)	[jɛdovata: houba]
chaud (adj)	teplý	[tɛpli:]
chocolat (m)	čokoláda (ž)	[tʃokola:da]
chou (m)	zelí (s)	[zɛli:]
chou (m) de Bruxelles	růžičková kapusta (ž)	[ru:ʒɪtʃkova: kapusta]
chou-fleur (m)	květák (m)	[kveta:k]
citron (m)	citrón (m)	[ʦɪtro:n]
clou (m) de girofle	hřebíček (m)	[hrʒɛbi:tʃɛk]
cocktail (m)	koktail (m)	[koktajl]
cocktail (m) au lait	mléčný koktail (m)	[mlɛtʃni: koktajl]
cognac (m)	koňak (m)	[konⁱak]
concombre (m)	okurka (ž)	[okurka]
condiment (m)	ochucovadlo (s)	[oxutsovadlo]
confiserie (f)	cukroví (s)	[ʦukrovi:]
confiture (f)	džem (m)	[dʒem]
confiture (f)	zavařenina (ž)	[zavarʒɛnɪna]
congelé (adj)	zmražený	[zmraʒeni:]

conserves (f pl)	konzerva (ž)	[konzɛrva]
coriandre (m)	koriandr (m)	[koriandr]
courgette (f)	cukina, cuketa (ž)	[tsukɪna], [tsuketa]
couteau (m)	nůž (m)	[nu:ʃ]
crème (f)	sladká smetana (ž)	[slatka: smɛtana]
crème (f) aigre	kyselá smetana (ž)	[kɪsɛla: smɛtana]
crème (f) au beurre	krém (m)	[krɛ:m]
crabe (m)	krab (m)	[krap]
crevette (f)	kreveta (ž)	[krɛvɛta]
cuillère (f)	lžíce (ž)	[ʒi:tsɛ]
cuillère (f) à soupe	polévková lžíce (ž)	[polɛ:fkova: ʒi:tsɛ]
cuisine (f)	kuchyně (ž)	[kuxɪne]
cuisse (f)	kýta (ž)	[ki:ta]
cuit à l'eau (adj)	vařený	[varʒɛni:]
cumin (m)	kmín (m)	[kmi:n]
cure-dent (m)	párátko (s)	[pa:ra:tko]
déjeuner (m)	oběd (m)	[obet]
dîner (m)	večeře (ž)	[vɛtʃɛrʒɛ]
datte (f)	datle (ž)	[datlɛ]
dessert (m)	desert (m)	[dɛsɛrt]
dinde (f)	krůta (ž)	[kru:ta]
du bœuf	hovězí (s)	[hovezi:]
du mouton	skopové (s)	[skopovɛ:]
du porc	vepřové (s)	[vɛprʃovɛ:]
du veau	telecí (s)	[tɛlɛtsi:]
eau (f)	voda (ž)	[voda]
eau (f) minérale	minerální voda (ž)	[mɪnɛra:lni: voda]
eau (f) potable	pitná voda (ž)	[pɪtna: voda]
en chocolat (adj)	čokoládový	[tʃokola:dovi:]
esturgeon (m)	jeseter (m)	[jɛsɛtɛr]
fèves (f pl)	boby (m mn)	[bobɪ]
farce (f)	mleté maso (s)	[mlɛtɛ: maso]
farine (f)	mouka (ž)	[mouka]
fenouil (m)	kopr (m)	[kopr]
feuille (f) de laurier	bobkový list (m)	[bopkovi: lɪst]
figue (f)	fík (m)	[fi:k]
flétan (m)	platýs (m)	[plati:s]
flet (m)	platýs (m)	[plati:s]
foie (m)	játra (s mn)	[ja:tra]
fourchette (f)	vidlička (ž)	[vɪdlɪtʃka]
fraise (f)	zahradní jahody (ž mn)	[zahradni: jahodɪ]
fraise (f) des bois	jahody (ž mn)	[jahodɪ]
framboise (f)	maliny (ž mn)	[malɪnɪ]
frit (adj)	smažený	[smaʒeni:]
froid (adj)	studený	[studɛni:]
fromage (m)	sýr (m)	[si:r]
fruit (m)	ovoce (s)	[ovotsɛ]
fruits (m pl) de mer	mořské plody (m mn)	[morʃskɛ: plodɪ]
fumé (adj)	uzený	[uzɛni:]
gâteau (m)	zákusek (m)	[za:kusɛk]
gâteau (m)	koláč (m)	[kola:tʃ]
garniture (f)	nádivka (ž)	[na:dɪfka]

garniture (f)	příloha (ž)	[prʃiːloha]
gaufre (f)	oplatky (mn)	[oplatkɪ]
gazeuse (adj)	perlivý	[pɛrlɪviː]
gibier (m)	zvěřina (ž)	[zverʒɪna]
gin (m)	džin (m)	[dʒɪn]
gingembre (m)	zázvor (m)	[zaːzvor]
girolle (f)	liška (ž)	[lɪʃka]
glace (f)	led (m)	[lɛt]
glace (f)	zmrzlina (ž)	[zmrzlɪna]
glucides (m pl)	karbohydráty (mn)	[karbohɪdratiː]
goût (m)	chuť (ž)	[xutʲ]
gomme (f) à mâcher	žvýkačka (ž)	[ʒviːkatʃka]
grains (m pl)	obilí (s)	[obɪliː]
grenade (f)	granátové jablko (s)	[granaːtovɛ: jablko]
groseille (f) rouge	červený rybíz (m)	[tʃɛrvɛniː rɪbiːz]
groseille (f) verte	angrešt (m)	[angrɛʃt]
gruau (m)	kroupy (ž mn)	[kroupɪ]
hamburger (m)	hamburger (m)	[hamburgɛr]
hareng (m)	sleď (ž)	[slɛtʲ]
haricot (m)	fazole (ž)	[fazolɛ]
hors-d'œuvre (m)	předkrm (m)	[prʃɛtkrm]
huître (f)	ústřice (ž)	[uːstrʃɪtsɛ]
huile (f) d'olive	olivový olej (m)	[olɪvoviː olɛj]
huile (f) de tournesol	slunečnicový olej (m)	[slunɛtʃnɪtsoviː olɛj]
huile (f) végétale	olej (m)	[olɛj]
jambon (m)	šunka (ž)	[ʃuŋka]
jaune (m) d'œuf	žloutek (m)	[ʒloutɛk]
jus (m)	šťáva (ž), džus (m)	[ʃtʲaːva], [dʒus]
jus (m) d'orange	pomerančový džus (m)	[pomɛrantʃoviː dʒus]
jus (m) de tomate	rajčatová šťáva (ž)	[rajtʃatova ʃtʲaːva]
jus (m) pressé	vymačkaná šťáva (ž)	[vɪmatʃkana: ʃtʲaːva]
kiwi (m)	kiwi (s)	[kɪvɪ]
légumes (m pl)	zelenina (ž)	[zɛlɛnɪna]
lait (m)	mléko (s)	[mlɛːko]
lait (m) condensé	kondenzované mléko (s)	[kondɛnzovanɛː mlɛːko]
laitue (f), salade (f)	salát (m)	[salaːt]
langoustine (f)	langusta (ž)	[langusta]
langue (f)	jazyk (m)	[jazɪk]
lapin (m)	králík (m)	[kraːliːk]
lentille (f)	čočka (ž)	[tʃotʃka]
les œufs	vejce (s mn)	[vɛjtsɛ]
les œufs brouillés	míchaná vejce (s mn)	[miːxana: vɛjtsɛ]
limonade (f)	limonáda (ž)	[lɪmona:da]
lipides (m pl)	tuky (m)	[tukɪ]
liqueur (f)	likér (m)	[lɪkɛːr]
mûre (f)	ostružiny (ž mn)	[ostruʒɪnɪ]
maïs (m)	kukuřice (ž)	[kukurʒɪtsɛ]
maïs (m)	kukuřice (ž)	[kukurʒɪtsɛ]
mandarine (f)	mandarinka (ž)	[mandarɪŋka]
mangue (f)	mango (s)	[mango]
maquereau (m)	makrela (ž)	[makrɛla]
margarine (f)	margarín (m)	[margari:n]

mariné (adj)	marinovaný	[marɪnovani:]
marmelade (f)	marmeláda (ž)	[marmɛla:da]
melon (m)	cukrový meloun (m)	[ʦukrovi: mɛloun]
merise (f)	třešně (ž)	[trʃɛʃne]
miel (m)	med (m)	[mɛt]
miette (f)	drobek (m)	[drobɛk]
millet (m)	jáhly (ž mn)	[ja:hlɪ]
morceau (m)	kousek (m)	[kousɛk]
morille (f)	smrž (m)	[smrʃ]
morue (f)	treska (ž)	[trɛska]
moutarde (f)	hořčice (ž)	[horʃʧɪʦɛ]
myrtille (f)	borůvky (ž mn)	[boru:fkɪ]
navet (m)	vodní řepa (ž)	[vodni: rʒɛpa]
noisette (f)	lískový ořech (m)	[li:skovi: orʒɛx]
noix (f)	vlašský ořech (m)	[vlaʃski: orʒɛx]
noix (f) de coco	kokos (m)	[kokos]
nouilles (f pl)	nudle (ž mn)	[nudlɛ]
nourriture (f)	jídlo (s)	[ji:dlo]
oie (f)	husa (ž)	[husa]
oignon (m)	cibule (ž)	[ʦɪbulɛ]
olives (f pl)	olivy (ž)	[olɪvɪ]
omelette (f)	omeleta (ž)	[omɛlɛta]
orange (f)	pomeranč (m)	[pomɛranʧ]
orge (f)	ječmen (m)	[jɛʧmɛn]
oronge (f) verte	prašivka (ž)	[praʃɪfka]
ouvre-boîte (m)	otvírač (m) konzerv	[otvi:raʧ konzɛrf]
ouvre-bouteille (m)	otvírač (m) lahví	[otvi:raʧ lahvi:]
pâté (m)	paštika (ž)	[paʃtɪka]
pâtes (m pl)	makaróny (m mn)	[makaro:nɪ]
pétales (m pl) de maïs	kukuřičné vločky (ž mn)	[kukurʒɪʧne: vlotʃkɪ]
pétillante (adj)	perlivý	[pɛrlɪvi:]
pêche (f)	broskev (ž)	[broskɛf]
pain (m)	chléb (m)	[xlɛ:p]
pamplemousse (m)	grapefruit (m)	[grɛjpfru:t]
papaye (f)	papája (ž)	[papa:ja]
paprika (m)	paprika (ž)	[paprɪka]
pastèque (f)	vodní meloun (m)	[vodni: mɛloun]
peau (f)	slupka (ž)	[slupka]
perche (f)	okoun (m)	[okoun]
persil (m)	petržel (ž)	[pɛtrʒel]
petit déjeuner (m)	snídaně (ž)	[sni:dane]
petite cuillère (f)	kávová lžička (ž)	[ka:vova: ɮɪʧka]
pistaches (f pl)	pistácie (ž)	[pɪsta:ʦɪe]
pizza (f)	pizza (ž)	[pɪʦa]
plat (m)	jídlo (s)	[ji:dlo]
plate (adj)	neperlivý	[nɛpɛrlɪvi:]
poire (f)	hruška (ž)	[hruʃka]
pois (m)	hrách (m)	[hra:x]
poisson (m)	ryby (ž mn)	[rɪbɪ]
poivre (m) noir	černý pepř (m)	[ʧɛrni: pɛprʃ]
poivre (m) rouge	červená paprika (ž)	[ʧɛrvɛna: paprɪka]
poivron (m)	pepř (m)	[pɛprʃ]

pomme (f)	jablko (s)	[jablko]
pomme (f) de terre	brambory (ž mn)	[bramborɪ]
portion (f)	porce (ž)	[portsɛ]
potiron (m)	tykev (ž)	[tɪkɛf]
poulet (m)	slepice (ž)	[slɛpɪtsɛ]
pourboire (m)	spropitné (s)	[spropɪtnɛ:]
protéines (f pl)	bílkoviny (ž)	[bi:lkovɪnɪ]
prune (f)	švestka (ž)	[ʃvɛstka]
purée (f)	bramborová kaše (ž)	[bramborova: kaʃɛ]
régime (m)	dieta (ž)	[dɪeta]
radis (m)	ředkvička (ž)	[rʒɛtkvɪtʃka]
rafraîchissement (m)	osvěžující nápoj (m)	[osveʒuji:tsi: na:poj]
raifort (m)	křen (m)	[krʃɛn]
raisin (m)	hroznové víno (s)	[hroznovɛ: vi:no]
raisin (m) sec	hrozinky (ž mn)	[hrozɪŋkɪ]
recette (f)	recept (m)	[rɛtsɛpt]
requin (m)	žralok (m)	[ʒralok]
rhum (m)	rum (m)	[rum]
riz (m)	rýže (ž)	[ri:ʒe]
russule (f)	holubinka (ž)	[holubɪŋka]
sésame (m)	sezam (m)	[sɛzam]
safran (m)	šafrán (m)	[ʃafra:n]
salé (adj)	slaný	[slani:]
salade (f)	salát (m)	[sala:t]
sandre (f)	candát (m)	[tsanda:t]
sandwich (m)	obložený chlebíček (m)	[obloʒenɪ: xlɛbi:tʃɛk]
sans alcool	nealkoholický	[nɛalkoholɪtski:]
sardine (f)	sardinka (ž)	[sardɪŋka]
sarrasin (m)	pohanka (ž)	[pohaŋka]
sauce (f)	omáčka (ž)	[oma:tʃka]
sauce (f) mayonnaise	majonéza (ž)	[majonɛ:za]
saucisse (f)	párek (m)	[pa:rɛk]
saucisson (m)	salám (m)	[sala:m]
saumon (m)	losos (m)	[losos]
saumon (m) atlantique	losos (m)	[losos]
sec (adj)	sušený	[suʃɛni:]
seigle (m)	žito (s)	[ʒɪto]
sel (m)	sůl (ž)	[su:l]
serveur (m)	číšník (m)	[tʃi:ʃni:k]
serveuse (f)	číšnice (ž)	[tʃi:ʃnɪtsɛ]
silure (m)	sumec (m)	[sumɛts]
soja (m)	sója (ž)	[so:ja]
soucoupe (f)	talířek (m)	[tali:rʒɛk]
soupe (f)	polévka (ž)	[polɛ:fka]
spaghettis (m pl)	spagety (m mn)	[spagetɪ]
steak (m)	biftek (m)	[bɪftɛk]
sucré (adj)	sladký	[slatki:]
sucre (m)	cukr (m)	[tsukr]
tarte (f)	dort (m)	[dort]
tasse (f)	šálek (m)	[ʃa:lɛk]
thé (m)	čaj (m)	[tʃaj]
thé (m) noir	černý čaj (m)	[tʃɛrni: tʃaj]

thé (m) vert	zelený čaj (m)	[zɛlɛni: tʃaj]
thon (m)	tuňák (m)	[tunʲaːk]
tire-bouchon (m)	vývrtka (ž)	[viːvrtka]
tomate (f)	rajské jablíčko (s)	[rajskɛ: jabliːtʃko]
tranche (f)	plátek (m)	[plaːtɛk]
truite (f)	pstruh (m)	[pstrux]
végétarien (adj)	vegetariánský	[vɛgɛtarɪaːnski:]
végétarien (m)	vegetarián (m)	[vɛgɛtarɪaːn]
verdure (f)	zelenina (ž)	[zɛlɛnɪna]
vermouth (m)	vermut (m)	[vɛrmut]
verre (m)	sklenice (ž)	[sklɛnɪtsɛ]
verre (m) à vin	sklenka (ž)	[sklɛŋka]
viande (f)	maso (s)	[maso]
vin (m)	víno (s)	[viːno]
vin (m) blanc	bílé víno (s)	[biːlɛ: viːno]
vin (m) rouge	červené víno (s)	[tʃɛrvɛnɛ: viːno]
vinaigre (m)	ocet (m)	[ɔtsɛt]
vitamine (f)	vitamín (m)	[vɪtamiːn]
vodka (f)	vodka (ž)	[votka]
whisky (m)	whisky (ž)	[vɪskɪ]
yogourt (m)	jogurt (m)	[jogurt]

Tchèque-Français glossaire gastronomique

účet (m)	[u:tʃɛt]	addition (f)
úhoř (m)	[u:horʃ]	anguille (f)
ústřice (ž)	[u:strʃɪtsɛ]	huître (f)
číšník (m)	[tʃi:ʃni:k]	serveur (m)
číšnice (ž)	[tʃi:ʃnɪtsɛ]	serveuse (f)
čaj (m)	[tʃaj]	thé (m)
černá káva (ž)	[tʃɛrna: ka:va]	café (m) noir
černý čaj (m)	[tʃɛrni: tʃaj]	thé (m) noir
černý pepř (m)	[tʃɛrni: pɛprʃ]	poivre (m) noir
černý rybíz (m)	[tʃɛrni: rɪbi:z]	cassis (m)
červená řepa (ž)	[tʃɛrvena: rʒɛpa]	betterave (f)
červená paprika (ž)	[tʃɛrvɛna: paprɪka]	poivre (m) rouge
červené víno (s)	[tʃɛrvɛnɛ: vi:no]	vin (m) rouge
červený rybíz (m)	[tʃɛrvɛni: rɪbi:z]	groseille (f) rouge
česnek (m)	[tʃɛsnɛk]	ail (m)
čočka (ž)	[tʃotʃka]	lentille (f)
čokoláda (ž)	[tʃokola:da]	chocolat (m)
čokoládový	[tʃokola:dovi:]	en chocolat (adj)
ředkvička (ž)	[rʒɛtkvɪtʃka]	radis (m)
šálek (m)	[ʃa:lɛk]	tasse (f)
šťáva (ž), **džus** (m)	[ʃtʲa:va], [dʒus]	jus (m)
šafrán (m)	[ʃafra:n]	safran (m)
šampaňské (s)	[ʃampaɲskɛ:]	champagne (m)
špenát (m)	[ʃpɛna:t]	épinard (m)
štika (ž)	[ʃtɪka]	brochet (m)
šunka (ž)	[ʃuŋka]	jambon (m)
švestka (ž)	[ʃvɛstka]	prune (f)
žito (s)	[ʒɪto]	seigle (m)
žloutek (m)	[ʒloutɛk]	jaune (m) d'œuf
žralok (m)	[ʒralok]	requin (m)
žvýkačka (ž)	[ʒvi:katʃka]	gomme (f) à mâcher
alkoholické nápoje (m mn)	[alkoholɪtskɛ: na:pojɛ]	boissons (f pl) alcoolisées
anýz (m)	[ani:z]	anis (m)
ananas (m)	[ananas]	ananas (m)
angrešt (m)	[angrɛʃt]	groseille (f) verte
aperitiv (m)	[apɛrɪtɪf]	apéritif (m)
artyčok (m)	[artɪtʃok]	artichaut (m)
avokádo (s)	[avoka:do]	avocat (m)
bílá káva (ž)	[bi:la: ka:va]	café (m) au lait
bílé víno (s)	[bi:lɛ: vi:no]	vin (m) blanc
bílek (m)	[bi:lɛk]	blanc (m) d'œuf
bílkoviny (ž)	[bi:lkovɪnɪ]	protéines (f pl)
banán (m)	[bana:n]	banane (f)

bar (m)	[bar]	bar (m)
barman (m)	[barman]	barman (m)
bazalka (ž)	[bazalka]	basilic (m)
biftek (m)	[bɪftɛk]	steak (m)
bobkový list (m)	[bopkovi: lɪst]	feuille (f) de laurier
bobule (ž mn)	[bobulɛ]	baies (f pl)
bobule (ž)	[bobulɛ]	baie (f)
boby (m mn)	[bobɪ]	fèves (f pl)
bonbón (m)	[bonbo:n]	bonbon (m)
borůvky (ž mn)	[boru:fkɪ]	myrtille (f)
bramborová kaše (ž)	[bramborova: kaʃɛ]	purée (f)
brambory (ž mn)	[bramborɪ]	pomme (f) de terre
brokolice (ž)	[brokolɪtsɛ]	brocoli (m)
broskev (ž)	[broskɛf]	pêche (f)
brusinky (ž mn)	[brusɪŋkɪ]	airelle (f) rouge
burský oříšek (m)	[burski: orʒi:ʃɛk]	cacahuète (f)
candát (m)	[tsanda:t]	sandre (f)
cejn (m)	[tsɛjn]	brème (f)
celer (m)	[tsɛlɛr]	céleri (m)
chřest (m)	[xrʃɛst]	asperge (f)
chléb (m)	[xlɛ:p]	pain (m)
chuť (ž)	[xutʲ]	goût (m)
chuť (ž) **k jídlu**	[xutʲ k ji:dlu]	appétit (m)
chutný	[xutni:]	bon (adj)
cibule (ž)	[tsɪbulɛ]	oignon (m)
citrón (m)	[tsɪtro:n]	citron (m)
cukina, cuketa (ž)	[tsukɪna], [tsuketa]	courgette (f)
cukr (m)	[tsukr]	sucre (m)
cukroví (s)	[tsukrovi:]	confiserie (f)
cukrový meloun (m)	[tsukrovi: mɛloun]	melon (m)
džem (m)	[dʒem]	confiture (f)
džin (m)	[dʒɪn]	gin (m)
datle (ž)	[datlɛ]	datte (f)
desert (m)	[dɛsɛrt]	dessert (m)
dieta (ž)	[dɪeta]	régime (m)
Dobrou chuť!	[dobrou xutʲ]	Bon appétit!
dort (m)	[dort]	tarte (f)
drobek (m)	[drobɛk]	miette (f)
fík (m)	[fi:k]	figue (f)
fazole (ž)	[fazolɛ]	haricot (m)
granátové jablko (s)	[grana:tovɛ: jablko]	grenade (f)
grapefruit (m)	[grɛjpfru:t]	pamplemousse (m)
hřebíček (m)	[hrʒɛbi:tʃɛk]	clou (m) de girofle
hřib (m)	[hrʒɪp]	cèpe (m)
hamburger (m)	[hamburgɛr]	hamburger (m)
hořčice (ž)	[horʃtʃɪtsɛ]	moutarde (f)
hořký	[horʃki:]	amer (adj)
holubinka (ž)	[holubɪŋka]	russule (f)
houba (ž)	[houba]	champignon (m)
hovězí (s)	[hovezi:]	du bœuf
hrách (m)	[hra:x]	pois (m)
hrozinky (ž mn)	[hrozɪŋkɪ]	raisin (m) sec

hroznové víno (s)	[hroznovɛ: vi:no]	raisin (m)
hruška (ž)	[hruʃka]	poire (f)
husa (ž)	[husa]	oie (f)
jáhly (ž mn)	[ja:hlɪ]	millet (m)
játra (s mn)	[ja:tra]	foie (m)
jídelní lístek (m)	[ji:dɛlni: li:stɛk]	carte (f)
jídlo (s)	[ji:dlo]	plat (m)
jídlo (s)	[ji:dlo]	nourriture (f)
jablko (s)	[jablko]	pomme (f)
jahody (ž mn)	[jahodɪ]	fraise (f) des bois
jazyk (m)	[jazɪk]	langue (f)
ječmen (m)	[jɛtʃmɛn]	orge (f)
jedlá houba (ž)	[jɛdla: houba]	champignon (m) comestible
jedovatá houba (ž)	[jɛdovata: houba]	champignon (m) vénéneux
jeseter (m)	[jɛsɛtɛr]	esturgeon (m)
jogurt (m)	[jogurt]	yogourt (m)
káva (ž)	[ka:va]	café (m)
kávová lžička (ž)	[ka:vova: ʒɪtʃka]	petite cuillère (f)
kýta (ž)	[ki:ta]	cuisse (f)
křemenáč (m)	[krʃɛmɛna:tʃ]	bolet (m) orangé
křen (m)	[krʃɛn]	raifort (m)
kaše (ž)	[kaʃɛ]	bouillie (f)
kachna (ž)	[kaxna]	canard (m)
kalorie (ž)	[kalorɪe]	calorie (f)
kapr (m)	[kapr]	carpe (f)
kapučíno (s)	[kaputʃi:no]	cappuccino (m)
karbohydráty (mn)	[karbohɪdrati:]	glucides (m pl)
kaviár (m)	[kavɪa:r]	caviar (m)
kiwi (s)	[kɪvɪ]	kiwi (m)
klas (m)	[klas]	épi (m)
klikva (ž)	[klɪkva]	canneberge (f)
kmín (m)	[kmi:n]	cumin (m)
koňak (m)	[konʲak]	cognac (m)
koření (s)	[korʒɛni:]	épice (f)
kokos (m)	[kokos]	noix (f) de coco
koktail (m)	[koktajl]	cocktail (m)
koláč (m)	[kola:tʃ]	gâteau (m)
kondenzované mléko (s)	[kondɛnzovanɛ: mlɛ:ko]	lait (m) condensé
konzerva (ž)	[konzɛrva]	conserves (f pl)
kopr (m)	[kopr]	fenouil (m)
koriandr (m)	[korɪandr]	coriandre (m)
kousek (m)	[kousɛk]	morceau (m)
kozák (m)	[koza:k]	bolet (m) bai
králík (m)	[kra:li:k]	lapin (m)
krém (m)	[krɛ:m]	crème (f) au beurre
krůta (ž)	[kru:ta]	dinde (f)
krab (m)	[krap]	crabe (m)
kreveta (ž)	[krɛvɛta]	crevette (f)
kroupy (ž mn)	[kroupɪ]	gruau (m)
kuchyně (ž)	[kuxɪne]	cuisine (f)

kukuřičné vločky (ž mn)	[kukurʒɪʧnɛ: vloʧkɪ]	pétales (m pl) de maïs
kukuřice (ž)	[kukurʒɪʦɛ]	maïs (m)
kukuřice (ž)	[kukurʒɪʦɛ]	maïs (m)
květák (m)	[kveta:k]	chou-fleur (m)
kyselá smetana (ž)	[kɪsɛla: smɛtana]	crème (f) aigre
lískový ořech (m)	[li:skovi: orʒɛx]	noisette (f)
lžíce (ž)	[ɮi:ʦɛ]	cuillère (f)
langusta (ž)	[langusta]	langoustine (f)
led (m)	[lɛt]	glace (f)
liška (ž)	[lɪʃka]	girolle (f)
likér (m)	[lɪkɛ:r]	liqueur (f)
lilek (m)	[lɪlɛk]	aubergine (f)
limonáda (ž)	[lɪmona:da]	limonade (f)
losos (m)	[losos]	saumon (m)
losos (m)	[losos]	saumon (m) atlantique
máslo (s)	[ma:slo]	beurre (m)
míchaná vejce (s mn)	[mi:xana: vɛjʦɛ]	les œufs brouillés
majonéza (ž)	[majonɛ:za]	sauce (f) mayonnaise
makaróny (m mn)	[makaro:nɪ]	pâtes (m pl)
makrela (ž)	[makrɛla]	maquereau (m)
maliny (ž mn)	[malɪnɪ]	framboise (f)
mandarinka (ž)	[mandarɪŋka]	mandarine (f)
mandle (ž)	[mandlɛ]	amande (f)
mango (s)	[mango]	mangue (f)
margarín (m)	[margari:n]	margarine (f)
marinovaný	[marɪnovani:]	mariné (adj)
marmeláda (ž)	[marmɛla:da]	marmelade (f)
maso (s)	[maso]	viande (f)
med (m)	[mɛt]	miel (m)
meruňka (ž)	[mɛrunʲka]	abricot (m)
minerální voda (ž)	[mɪnɛra:lni: voda]	eau (f) minérale
mléčný koktail (m)	[mlɛʧni: koktajl]	cocktail (m) au lait
mléko (s)	[mlɛ:ko]	lait (m)
mleté maso (s)	[mlɛtɛ: maso]	farce (f)
mořské plody (m mn)	[morʃkɛ: plodɪ]	fruits (m pl) de mer
mouka (ž)	[mouka]	farine (f)
mrkev (ž)	[mrkɛf]	carotte (f)
muchomůrka (ž) červená	[muxomu:rka ʧɛrvɛna:]	amanite (f) tue-mouches
nádivka (ž)	[na:dɪfka]	garniture (f)
nápojový lístek (m)	[na:pojovi: li:stɛk]	carte (f) des vins
nůž (m)	[nu:ʃ]	couteau (m)
nealkoholický	[nɛalkoholɪʦki:]	sans alcool
nealkoholický nápoj (m)	[nɛalkoholɪʦki: na:poj]	boisson (f) non alcoolisée
neperlivý	[nɛpɛrlɪvi:]	plate (adj)
nudle (ž mn)	[nudlɛ]	nouilles (f pl)
oběd (m)	[obet]	déjeuner (m)
obilí (s)	[obɪli:]	grains (m pl)
obilniny (ž mn)	[obɪlnɪnɪ]	céréales (f pl)
obložený chlebíček (m)	[obloʒeni: xlɛbi:ʧɛk]	sandwich (m)
ocet (m)	[otsɛt]	vinaigre (m)
ochucovadlo (s)	[oxutsovadlo]	condiment (m)

okoun (m)	[okoun]	perche (f)
okurka (ž)	[okurka]	concombre (m)
olej (m)	[olɛj]	huile (f) végétale
olivový olej (m)	[olɪvovi: olɛj]	huile (f) d'olive
olivy (ž)	[olɪvɪ]	olives (f pl)
omáčka (ž)	[oma:tʃka]	sauce (f)
omeleta (ž)	[omɛlɛta]	omelette (f)
oplatky (mn)	[oplatkɪ]	gaufre (f)
ostružiny (ž mn)	[ostruʒɪnɪ]	mûre (f)
osvěžující nápoj (m)	[osveʒuji:tsi: na:poj]	rafraîchissement (m)
otvírač (m) konzerv	[otvi:ratʃ konzɛrf]	ouvre-boîte (m)
otvírač (m) lahví	[otvi:ratʃ lahvi:]	ouvre-bouteille (m)
oves (m)	[ovɛs]	avoine (f)
ovoce (s)	[ovotsɛ]	fruit (m)
párátko (s)	[pa:ra:tko]	cure-dent (m)
párek (m)	[pa:rɛk]	saucisse (f)
příchuť (ž)	[prʃi:xutʲ]	arrière-goût (m)
příloha (ž)	[prʃi:loha]	garniture (f)
předkrm (m)	[prʃɛtkrm]	hors-d'œuvre (m)
pšenice (ž)	[pʃɛnɪtsɛ]	blé (m)
paštika (ž)	[paʃtɪka]	pâté (m)
papája (ž)	[papa:ja]	papaye (f)
paprika (ž)	[paprɪka]	paprika (m)
pepř (m)	[pɛprʃ]	poivron (m)
perlivý	[pɛrlɪvi:]	gazeuse (adj)
perlivý	[pɛrlɪvi:]	pétillante (adj)
petržel (ž)	[pɛtrʒel]	persil (m)
pistácie (ž)	[pɪsta:tsɪe]	pistaches (f pl)
pitná voda (ž)	[pɪtna: voda]	eau (f) potable
pivo (s)	[pɪvo]	bière (f)
pizza (ž)	[pɪtsa]	pizza (f)
plátek (m)	[pla:tɛk]	tranche (f)
platýs (m)	[plati:s]	flétan (m)
platýs (m)	[plati:s]	flet (m)
pohanka (ž)	[pohaŋka]	sarrasin (m)
polévka (ž)	[polɛ:fka]	soupe (f)
polévková lžíce (ž)	[polɛ:fkova: lʒi:tsɛ]	cuillère (f) à soupe
pomeranč (m)	[pomɛrantʃ]	orange (f)
pomerančový džus (m)	[pomɛrantʃovi: dʒus]	jus (m) d'orange
porce (ž)	[portsɛ]	portion (f)
prašivka (ž)	[praʃɪfka]	oronge (f) verte
pstruh (m)	[pstrux]	truite (f)
rýže (ž)	[ri:ʒe]	riz (m)
růžičková kapusta (ž)	[ru:ʒɪtʃkova: kapusta]	chou (m) de Bruxelles
rajčatová šťáva (ž)	[rajtʃatova: ʃtʲa:va]	jus (m) de tomate
rajské jablíčko (s)	[rajskɛ: jabli:tʃko]	tomate (f)
recept (m)	[rɛtsɛpt]	recette (f)
rozpustná káva (ž)	[rozpustna: ka:va]	café (m) soluble
rum (m)	[rum]	rhum (m)
ryby (ž mn)	[rɪbɪ]	poisson (m)
s ledem	[s lɛdɛm]	avec de la glace
sépie (ž)	[sɛ:pɪe]	calamar (m)

sója (ž)	[soːja]	soja (m)
sýr (m)	[siːr]	fromage (m)
sůl (ž)	[suːl]	sel (m)
salám (m)	[salaːm]	saucisson (m)
salát (m)	[salaːt]	laitue (f), salade (f)
salát (m)	[salaːt]	salade (f)
sardinka (ž)	[sardɪŋka]	sardine (f)
sezam (m)	[sɛzam]	sésame (m)
sklenice (ž)	[sklɛnɪtsɛ]	verre (m)
sklenka (ž)	[sklɛŋka]	verre (m) à vin
skořice (ž)	[skorʒɪtsɛ]	cannelle (f)
skopové (s)	[skopovɛː]	du mouton
sladká smetana (ž)	[slatkaː smɛtana]	crème (f)
sladký	[slatkiː]	sucré (adj)
slaný	[slaniː]	salé (adj)
slanina (ž)	[slanɪna]	bacon (m)
sleď (ž)	[slɛtʲ]	hareng (m)
slepice (ž)	[slɛpɪtsɛ]	poulet (m)
slunečnicový olej (m)	[slunɛtʃnɪtsovi: olɛj]	huile (f) de tournesol
slupka (ž)	[slupka]	peau (f)
smažený	[smaʒeni:]	frit (adj)
smrž (m)	[smrʃ]	morille (f)
snídaně (ž)	[sni:dane]	petit déjeuner (m)
spagety (m mn)	[spagɛtɪ]	spaghettis (m pl)
spropitné (s)	[spropɪtnɛː]	pourboire (m)
studený	[studɛni:]	froid (adj)
sušený	[suʃɛni:]	sec (adj)
sušenky (ž mn)	[suʃɛŋkɪ]	biscuit (m)
sumec (m)	[sumɛts]	silure (m)
světlé pivo (s)	[svetlɛ: pɪvo]	bière (f) blonde
třešně (ž)	[trʃɛʃne]	merise (f)
talíř (m)	[tali:rʃ]	assiette (f)
talířek (m)	[tali:rʒɛk]	soucoupe (f)
telecí (s)	[tɛlɛtsi:]	du veau
teplý	[tɛpli:]	chaud (adj)
tmavé pivo (s)	[tmavɛ: pɪvo]	bière (f) brune
treska (ž)	[trɛska]	morue (f)
tuňák (m)	[tunʲaːk]	thon (m)
tuky (m)	[tukɪ]	lipides (m pl)
tykev (ž)	[tɪkɛf]	potiron (m)
uzený	[uzɛni:]	fumé (adj)
víno (s)	[viːno]	vin (m)
vývar (m)	[viːvar]	bouillon (m)
vývrtka (ž)	[viːvrtka]	tire-bouchon (m)
vařený	[varʒɛni:]	cuit à l'eau (adj)
večeře (ž)	[vɛtʃɛrʒɛ]	dîner (m)
vegetarián (m)	[vɛgɛtarɪaːn]	végétarien (m)
vegetariánský	[vɛgɛtarɪaːnski:]	végétarien (adj)
vejce (s mn)	[vɛjtsɛ]	les œufs
vejce (s)	[vɛjtsɛ]	œuf (m)
vepřové (s)	[vɛprʃovɛː]	du porc
vermut (m)	[vɛrmut]	vermouth (m)

višně (ž)	[vɪʃne]	cerise (f)
vidlička (ž)	[vɪdlɪtʃka]	fourchette (f)
vitamín (m)	[vɪtamiːn]	vitamine (f)
vlašský ořech (m)	[vlaʃski: orʒɛx]	noix (f)
voda (ž)	[voda]	eau (f)
vodka (ž)	[votka]	vodka (f)
vodní řepa (ž)	[vodni: rʒɛpa]	navet (m)
vodní meloun (m)	[vodni: mɛloun]	pastèque (f)
vymačkaná šťáva (ž)	[vɪmatʃkana: ʃtʲaːva]	jus (m) pressé
whisky (ž)	[vɪskɪ]	whisky (m)
zákusek (m)	[zaːkusɛk]	gâteau (m)
zázvor (m)	[zaːzvor]	gingembre (m)
zahradní jahody (ž mn)	[zahradni: jahodɪ]	fraise (f)
zavařenina (ž)	[zavarʒɛnɪna]	confiture (f)
zelí (s)	[zɛli:]	chou (m)
zelený čaj (m)	[zɛlɛni: tʃaj]	thé (m) vert
zelenina (ž)	[zɛlɛnɪna]	légumes (m pl)
zelenina (ž)	[zɛlɛnɪna]	verdure (f)
zmražený	[zmraʒeni:]	congelé (adj)
zmrzlina (ž)	[zmrzlɪna]	glace (f)
zvěřina (ž)	[zverʒɪna]	gibier (m)

www.ingramcontent.com/pod-product-compliance
Lightning Source LLC
La Vergne TN
LVHW051300080426
835509LV00020B/3072